Praxis Kindergarten

Fit für die Grundschule
Mit Kindern spielerisch lernen

Ulrike Brandt-Frank
In Zusammenarbeit mit Klara Jarosch

Ernst Klett Verlag
Stuttgart Düsseldorf Leipzig

Fit für die Grundschule Praxis Kindergarten
Mit Kindern spielerisch lernen
von Ulrike Brandt-Frank
in Zusammenarbeit mit Klara Jarosch

Die Deutsche Bibliothek – CIP-Einheitsaufnahme
Ein Titelsatz für diese Publikation ist bei der Deutschen Bibliothek erhältlich

1. Auflage   1 5 4 3 2 1 | 2008 07 06 05 04
Die letzte Zahl bezeichnet das Jahr dieses Druckes.
© Ernst Klett Verlag GmbH, Stuttgart 2004
Alle Rechte vorbehalten

Das Werk und seine Teile sind urheberrechtlich geschützt.
Jede Nutzung in anderen als den gesetzlich zugelassenen Fällen
bedarf der vorherigen schriftlichen Einwilligung des Verlages.
Hinweis zu § 52 a UrhG: Weder das Werk noch seine Teile
dürfen ohne eine solche Einwilligung eingescannt und in ein
Netzwerk eingestellt werden. Dies gilt auch für Intranets von
Schulen und sonstigen Bildungseinrichtungen.

Internetadresse: http://www.klett-verlag.de

Redaktion: Silke Behling
Umschlag: Barbara Beuther
Layout und DTP: Ulrike Eisenbraun, Bad Urach
Fotos: Ulrike Brandt-Frank, Eigenzell; Harald Reichert, Plochingen
Zeichnungen: Ulrike Eisenbraun, Bad Urach
Druck: Gutmann+Co. GmbH, Talheim. Printed in Germany.
ISBN: 3-12-010101-X

Quellenverzeichnis:

Weigert, Hildegund/Weigert Edgar, Schuleingangsphase, Beltz Verlag, 1997: Des Abends, wenn ich früh aufsteh', S. 128.

Abbildungsverzeichnis:

Ulrike Brandt-Frank, Eigenzell: S. 16, 20, 54, 58, 69, 79, 82, 85, 87, 94, 96, 98, 102, 106 (2), 110, 119,121, 134,138, 140; Harald Reichert, Plochingen: S. 27, 39, 65, 67, 68, 97, 112, 115 (5), 125, 133, 141, 143 (2), 144, 148, 154, 156, 158; Sattler, Johanna Barbara, Schreibunterlage für Linkshänder, © Auer Verlag, Donauwörth: Linkshänderunterlage, S. 101.

Nicht in allen Fällen war es uns möglich, den Rechteinhaber ausfindig zu machen. Berechtigte Ansprüche werden selbstverständlich im Rahmen der üblichen Vereinbarungen abgegolten.

Inhaltsverzeichnis

Wie können Kinder auf die Grundschule vorbereitet werden?	5
Veränderte Lebenswelten der Kinder	5
Lernen und Erwerb von Fähigkeiten	6
Ganzheitlich fördern	7
Die Arbeit mit der Vorschulgruppe	8
Rituale – hilfreich für den Alltag	9
Kinder lieben Rituale	9
Anfangslied	10
Koordinationsübungen	10
Handübungen	10
Komplexe feinmotorische Koordination	14
Reflektion der Einheit	16
Abschlussspiel	16
Belohnungssysteme – Motivation fördern	20
Positive Verstärkung	20
Beobachtungsbogen und Checkliste	25
Wozu die Bögen?	25
Allgemeiner Beobachtungsbogen	25
Die Checkliste	27
Erläuterungen zur Checkliste	32
Sprachentwicklung und -förderung	38
Die Welt ist nicht bunt angemalt	40
Formen: Alles rund?	41
Die Entwicklung der Feinmotorik	42
Was bedeutet Graphomotorik?	43
Gedächtnis und Ordnung	44
Handlung und Symbol	45
Was hat Ballspielen mit Mathematik zu tun?	46
Förderideen Sprachförderung	48
Merkzettel	48
Zuhören	49
Silben trennen	52
Spiele mit Anlauten und Buchstaben	53
Ergänzungen zum Thema	54
Förderideen Farben	55
Merkzettel	55
Einführung in das Thema Farben	56
Farben haben Signalwirkung	58
Licht und Farbe	59
Grundfarben und Mischfarben	62
Ergänzungen zum Thema	65
Förderideen Formen	66
Merkzettel	66
Einführung in das Thema Formen	67
Formenpuzzle 1	69
Formenpuzzle 2	73
Formerkennung und Figur-Grund-Wahrnehmung	74
Reproduktion von Formen	76
Ergänzungen zum Thema	79
Förderideen Feinmotorik	80
Merkzettel	80
Umgang mit formbarem Material	81
Knülltechnik: Rabe	82
Reißtechnik: Schlange	85
Webbild: Ente	87
Faltbuch 1	90
Faltbuch 2	91
Ergänzungen zum Thema	94
Förderideen Graphomotorik	95
Merkzettel	95
Einführung in die Schwungübungen	97
Handgelenksrotation und Stifthaltung	102
Schwungübung Wellenreiter	105
Schwungübung Seepferdchen	108
Schwungübung Tannenbaum	110
Schwungübung Spirale	112
Fadenspiel, Schwungübung Schnecke	114
Schwungübung Potzblitz	117
Fadenspannbild 1	119
Fadenspannbild 2	120
Malgeschichte	122
Ergänzungen zum Thema	125
Förderideen Merkfähigkeit	126
Merkzettel	126
Geruchs- und Geschmackssinn	127
Tastmemory 1	128

Inhalt

Tastmemory 2	129
Sehen und merken	131
Stille Post	132
Zauberschule	133
Ergänzungen zum Thema	134

Förderideen Symbolverständnis — **135**
Merkzettel	135
Verkehrszeichen	136
Exkursion Verkehrszeichen	138
Ergänzungen zum Thema	140

Förderideen Zahlenverständnis — **141**
Merkzettel	141
Wahrnehmung des eigenes Körpers 1	142
Wahrnehmung des eigenes Körpers 2	143
Räumliche Wahrnehmung	144
Reihenfolgen	145
Mengen als Größen	147
Bauernhofspiel	148
Mengen und Reihenfolgen	149
Größenverhältnisse	153
Größenverhältnisse im Zahlenraum bis zehn	155
Zahlenraum bis zehn	157
Ergänzungen zum Thema	158

Literaturverzeichnis — **159**

Wie können Kinder auf die Grundschule vorbereitet werden?

Nicht immer erwerben Kinder die Voraussetzungen für den erfolgreichen Schulstart im Elternhaus. Heute ist es zumeist der Kindergarten, der die Aufgabe hat, die Kompetenzen der Kinder zu fördern.

Veränderte Lebenswelten der Kinder

Die Lebens- und Lernbedingungen unserer Kinder haben sich enorm verändert. Fernseher und Computer verdrängen oft schon in den Kindergartenjahren das wichtige kindliche Spiel. Selbst wenn Kinder spielen möchten, ist es an den Straßen oft zu gefährlich und es mangelt häufig auch an Spielkameraden. Zudem wird in vielen Elternhäusern kaum noch vorgelesen.

Die kindlichen Methoden zu lernen und sich die Umwelt zu erobern, sind die Beobachtung und das Spiel. Hier imitiert das Kind die Welt der Erwachsenen, übt und erprobt sich, erforscht und tritt in Interaktion mit seiner Umwelt. Grundlagen der Kommunikation werden gelegt.

Aufgrund der oben genannten gesellschaftlichen Entwicklung werden Basisqualitäten oft nicht mehr automatisch erworben und können nicht mehr als gegeben vorausgesetzt werden. Die Voraussetzungen, die Kinder bei Schuleintritt mitbringen, werden immer unterschiedlicher und sind stark vom familiären Milieu geprägt.

Die Erziehungsverantwortung wird zunehmend an die professionellen Einrichtungen übertragen. Das stellt die Erzieherinnen im Kindergarten vor eine Vielzahl von Aufgaben, die weit über die reine Betreuung hinausgehen. Vor allem Kinder mit ungünstigen Startvoraussetzungen bedürfen einer besonderen Begleitung durch das Fachpersonal. Die Anforderungen sind hoch: so brauchen Kinder nicht nur liebevolle Zuwendung, sie brauchen auch gute sprachliche (vor allem Kinder mit nicht deutscher Muttersprache) und soziale Vorbilder sowie ein anregendes Umfeld, um mit Neugierde und Freude Lern- und Spielfähigkeit zu entwickeln. Zudem brauchen Kinder Förderung, um motorische Fertigkeiten, wie die Koordinationsfähigkeit, das Körperbewusstsein und eine Vielzahl kognitiver Grundlagen zu entwickeln. Nur wenn diese Aufgaben erfüllt werden, kann eine annähernde Chancengleichheit aller Kinder erreicht werden.

Ein Weg: Die Montessori-Pädagogik

Es gibt hervorragende Konzepte wie z. B. die Montessori-Pädagogik. Sie lässt den Kindern die freie Wahl der Themen, arbeitet mit vorbereiteten Materialien und die Erzieher verstehen sich als Teil des vorbereiteten Materials. Gruppenaktivitäten geraten in den Hintergrund, das Kind entwickelt sich in seinem eigenen Tempo und lernt seine Aufmerksamkeit zu polarisieren.

Diese Art der Kindergartenarbeit hat viele Anhänger, lässt sich aber nicht einfach in bestehende Einrichtungen übernehmen. Sie erfordert eigene Einrichtungen mit speziell ausgebildetem Personal. Auch wenn infolge der Pisa-Studie viel diskutiert wird und Reformen in Kindergarten und Schule angedacht werden, wird sich doch in absehbarer Zeit aus finanziellen Gründen an den Strukturen vieler Kindergärten nichts Grundsätzliches ändern.

Vorbereitung auf die Schule im Kindergarten

Zunächst einmal ist es wichtig zu wissen, welche Voraussetzungen ein Kind für den Besuch der Grundschule erfüllen muss. Welche Schwerpunkte müssen gesetzt werden? Dem vorliegenden Buch wurden die „Kriterien zur Feststellung der Schulfähigkeit" von H. und E. Weigert (Schuleingangsphase, 5. Auflage, 1997, S. 23–27) zugrunde gelegt. In diesem Buch werden die aktuellen und wissenschaftlich gesicherten Erkenntnisse über Voraussetzung, Erscheinungsformen und Überprüfungsmöglichkeiten der individuellen Schulfähigkeit vorgestellt. Es werden sehr einfühlsam Wege aufgezeigt, dem

Vorbereitung

Kind einen fließenden Übergang in die Schule zu ermöglichen.
H. und E. Weigert gliedern die Feststellung der Schulreife in drei wesentliche Bereiche und führen diese dann sehr detailliert aus.

- Körperliche Schulfähigkeit (Grobmotorik/Feinmotorik)
- Sozioemotionale Schulfähigkeit (Gruppenfähigkeit/ emotionale Stabilität/Arbeitsverhalten)
- Kognitive Schulfähigkeit

Wie können diese Ziele erreicht werden? Benötigt wird ein Arbeitsansatz, der sich mühelos in den Alltag von bestehenden Kindergärten integrieren lässt, ohne die gesamte Konzeption zu verändern. In dem vorliegenden Buch wird dafür eine Arbeitsgrundlage geschaffen, die veränderbar und erweiterbar, aber in sich weitgehend vollständig ist. Mit dem Aufwand von einer Einheit pro Woche kann somit ohne größere Vorbereitungszeit ein Spektrum kindlicher Wissensgrundlagen geschaffen werden.
Der Bereich Sprache wird mit Stuhlkreis- und Gruppenangeboten bearbeitet und ist außerdem Bestandteil jeder Einheit. Durch die Bearbeitung unterschiedlicher Themen und Bereiche wird der Wortschatz erweitert. Jede Einheit bietet eine Vielzahl sprachlicher Situationen, es werden Spiele und Verse gelernt, Handlung in Sprache und Sprache in Handlung umgesetzt. Sehr empfehlenswert ist, zusätzliche Sprachförderung in der Einrichtung durchzuführen, wenn Kinder eines Jahrganges hier besonderen Bedarf zeigen. Hier gibt es viele Arbeitsansätze, wie zum Beispiel das Würzburger Modell (P. Küspert, W. Schneider). Das Würzburger Modell ist ein auf seine Wirksamkeit mehrfach in breit angelegten Studien überprüftes Modell, das, wenn es komplett und genau ausgeführt wird, langfristig eine förderliche Wirkung für das Lesen und Schreiben erbringt.

Lernen und Erwerb von Fertigkeiten

Bei der kindlichen Entwicklung spricht man von sensitiven Entwicklungsperioden. Dieser Begriff wurde von dem holländischen Biologen Hugo de Vries geprägt: Die sensitiven Entwicklungsperioden sind Phasen, in denen die Kinder eine besondere Empfänglichkeit haben, Funktionen und Eigenschaften auszubilden, und in denen sich ihnen gleichzeitig ein neuer Raum für weiteres Lernen erschließt. Das Kind lernt sozusagen wie von selbst und verändert dabei das Gesamtsystem, d.h. es entwickelt sich. Dieses Zeitfenster schließt sich dann wieder und eine neue Phase beginnt. Danach kann das Kind zwar die entsprechende Fertigkeit noch erwerben, aber nur mit weit größerem Einsatz. Diese Phasen zu nutzen und dem Kind in seinem Lernverhalten somit entgegenzukommen, kann nur ein sinnvoller Ansatz sein.

Lernen kann aufgrund von negativen Erfahrungen und Misserfolgen, mit Angst verbunden sein. Ein Kind kennt in der Regel diesen Aspekt des Lernens noch nicht und geht weitgehend wertfrei und unbelastet an alle neuen Lerninhalte heran. Es hat ein starkes Bedürfnis zu lernen und nimmt alles Wissen in der Regel begierig auf, soweit es seinem Entwicklungsstand entspricht. Das heißt, ein Kind ist von sich aus hochmotiviert und diese Motivation muss erhalten werden.

Hat ein Kind aufgrund mangelnder Angebote Basis-Fertigkeiten nicht erworben, so kann es sich durch die Ansprüche in der Schule überfordert fühlen und wird leicht durch Misserfolge und Frustration in seiner Lernfreude behindert. Hat ein Kind z.B. die Laut- und Silbenstruktur von Sprache nicht verstanden, kann es mit Sprache nicht spielen (reimen, sinnbetont sprechen, zergliedern oder verändern usw.), und es wird große Schwierigkeiten haben, die Schriftsprache zu erlernen. So muss es ein Grundbedürfnis sein, einem Kind das Handwerkzeug zu geben, mit dem es sich seinen Fähigkeiten entsprechend entwickeln kann.

Wie kann ein Kind Basis-Fertigkeiten erlernen?

Kinder erwerben Fähigkeiten: Eine „Fähigkeit ist das gegenwärtig verfügbare Potential, etwas zu leisten" (Sundberg, 1977).

Von einer erworbenen Fähigkeit kann man sprechen, wenn ein Kind diese auch anwenden kann.
„Von einer Fertigkeit spricht man, wenn eine Person so weit ist, dass sie eine Aufgabe rasch, fehlerlos und mühelos erledigen kann." (Adams, 1987; Pear, 1927)

Die Forschung hat drei Schritte des Erlernens von Fertigkeiten identifiziert:

- das Stadium des Wissens (was zu tun ist, mit zeitlicher Abfolge),
- das Stadium der Assoziation und praktischer Übungen (Fehler werden durch Feedback ausgemerzt und Erlerntes geübt),
- das autonome Stadium oder das der automatischen Durchführung (benötigt immer weniger Aufmerksamkeit, z.B. Stifthaltung automatisiert sich, das Kind kann sich darauf konzentrieren, was es malt).

(Fitts & Posner, 1967)

Übung ist der zuverlässigste Faktor zur Verbesserung von Fertigkeiten – vorausgesetzt, es gibt eine rasche, genaue und spezifische Rückmeldung, die hilft Fehler zu identifizieren und auszumerzen. Zu Beginn des Erwerbes einer Fertigkeit verbessert sich die Leistung rapide. Später dauert die Verbesserung zwar an, aber sie vollzieht sich immer langsamer. Schon lange bekannt für motorische Fertigkeiten, hat sich diese Regel auch für kognitive Fertigkeiten als gültig erwiesen (Anderson, 1980).

> Bei dem Erwerb von Fertigkeiten ist die Übung entscheidend für die Umwandlung der ersten langsamen, ungeschickten und mühsamen Versuche in elegante Leistungen.

Gibt es Faktoren, die das Lernen beeinflussen?

Eine ganz wichtige Rolle beim Lernen spielt die Aufmerksamkeit. Kann ein Kind sich ganz einem Gegenstand, einer Handlung oder einem Spiel widmen, dann gelingt es ihm seine ungeteilte Aufmerksamkeit darauf zu lenken. Alltagsgeräusche usw. rücken in den Hintergrund und bedürfen einer gewissen Intensität oder einer Signalwirkung, um die Aufmerksamkeit auf sich zu ziehen.
Positive Emotionen und lustbetontes Lernen – Aufmerksamkeit wird gerne zugewandt – erleichtern die Aufnahme der Erfahrung im Gehirn und werden bei Abrufung der Informationen wieder in einen positiven Zusammenhang gebracht.
Lernen ist etwas Aktives, bei dem meist mehrere Sinnessysteme oder deren Erfahrung benötigt werden. Aktives handlungsgesteuertes Lernen ist nicht nur nachhaltiger und vielfältiger, sondern erhöht auch die Aufmerksamkeit enorm.

> - Ein Kind will lernen.
> - Lernen soll lustbetont sein.
> - Die Aufmerksamkeit des Kindes muss auf den Lerninhalt gelenkt werden.
> - Ein Kind braucht seiner Entwicklung entsprechende Angebote und gute Beispiele (Wiederholungen und Struktur, um Regelmäßigkeiten entdecken zu können), sensible Phasen sollten genutzt werden.
> - Ein Kind lernt immer, egal was es tut, seine Art der Bearbeitung ist das Spiel.
> - Fertigkeiten können durch Üben erworben und stets verbessert werden.

Ganzheitlich fördern

Das Ziel ist, den Kindern einen fließenden Übergang in die Schule zu ermöglichen und ihnen Grundfertigkeiten zu vermitteln, ohne schulische Inhalte vorwegzunehmen. Alle Anforderungen orientieren sich am Entwicklungsstand der Kinder.
In diesem Buch lassen sich Ansatz und Aufbau schwer trennen. Jede Einheit hat einen stark strukturierten Rahmen, der von Ritualen (s. S. 9) geprägt ist. In den Hauptteilen wurde überwiegend ein ganzheitlicher Ansatz gewählt.
Erziehung über Bewegung als dynamischer Entwicklungs- und Lernprozess fördert das Kind als Ganzes und sollte ein Grundprinzip in der Arbeit mit Kindern sein. Kognitive Prozesse sollten nicht isoliert, sondern unter Einbeziehung der Sinnessysteme bearbeitet werden. So wird im vorliegenden Programm versucht, das Kind Lernleistungen möglichst häufig selbst am eigenen Körper erfahren und erleben zu lassen (z.B. Kinder bilden aus sich Mengen, tasten Formen und erhüpfen den Zahlenraum).
Die Wissensvermittlung findet zwar unter anderem auch am Tisch statt, wird aber meist durch Spiel und Handlung begleitet. Vermieden werden soll eine scharfe Trennung von kognitiven und motorischen Prozessen. Das Kind soll „begreifen" im reinen Wortsinn.

Kindliche Motivation

Die vorhandene kindliche Motivation, Neugierde und Freude am Lernen sollen erhalten werden. Das Lernen soll stets spielerisch und lustbetont sein.

Vorbereitung

Gearbeitet wird primär mit positiver Verstärkung, z.B. durch Lob und Urkunden. Das Kind soll vor allem für seine Bemühung, seine Mitarbeit und sein soziales Verhalten gelobt werden und nicht für seine Leistung. Fehler dürfen jedoch nicht vor dem Kind verheimlicht werden, da es das Feedback benötigt, um diese auszumerzen. Es gewinnt Vertrauen zu sich und seinen Fähigkeiten, indem es Schwierigkeiten bewältigt. Es entwickelt Ehrgeiz und begreift, dass es durch Übung seine Leistung verbessern kann.

Die Grundeinstellung der durchführenden Erzieherin sollte empathisch sein. Sie sollte sich stets an der individuellen Entwicklung und an den Stärken des Kindes orientieren. Sie sollte Defizite erkennen, aber sie nicht in den Vordergrund stellen, sondern stets bemüht sein, das Kind auf der Stufe seines individuellen Erfolgs abzuholen.

Die Arbeit mit der Vorschulgruppe

Die Themeneinführung wird von der Erzieherin stark gelenkt, durch offene Fragen wird jedoch genügend Spielraum für Interaktion gelassen. Die Spiele werden in der Regel erklärt, vorgemacht und die Kinder führen diese aus. Die Erzieherin reflektiert, kontrolliert und sorgt für Übung und Wiederholung. Angestrebt wird, dass die Kinder aus eigenem Antrieb die neuen Inhalte auf ihr Freispiel übertragen, spielend variieren, weiterforschen, Fragen stellen und somit als neuen Teil ihrer Erfahrungswelt verinnerlichen, um größtmögliche Lernerfolge zu erreichen. Deshalb ist es mehr als sinnvoll, passende Spiele und Bücher zum jeweiligen Thema in diesem Zeitraum anzubieten und Arbeitsmaterialien aus dem Programm zur freien Verfügung zu stellen.

Die Zielsetzung sollte für die Kinder stets transparent gemacht werden. Die Kinder verstehen sich als Gruppe, die bald einen neuen Lebensabschnitt beginnt, und fühlen sich wichtig und ernst genommen. Sie „spielen" Schule und werden vertraut mit Abläufen und Regeln, die im Schulalltag gelten. Sie bearbeiten gemeinsam ein Thema und sie müssen Regeln lernen, wie andere Kinder ausreden zu lassen, sich selber zu melden und beim Thema zu bleiben. Lebendige Kinder müssen sich stärker zurücknehmen, stille Kinder haben in der Kleingruppe eher die Chance sich einzubringen.

Dadurch wird der Übergang in die Schule erleichtert, die Kinder müssen all dies nicht in den ersten Schulwochen lernen, in denen ohnehin eine Vielzahl von Eindrücken über sie hereinbricht. Außerdem wird die Schule dadurch zur überschaubaren Größe und eventuelle Berührungsängste entstehen erst gar nicht.

Der Aufbau der Schulvorbereitung

Im anschließenden Kapitel Rituale wird der Sinn von gleichbleibenden Elementen erläutert. Die Rituale bilden den Rahmen um die Lerneinheiten. Die Erzieherin wird nicht alle Rituale in jeder Einheit durchführen können, aber sie sollte versuchen, Beginn und Ende möglichst gleichbleibend zu gestalten. Die Koordinationsübungen gelingen beispielsweise erst nach regelmäßiger Wiederholung.

> Sprachliche Förderideen werden möglichst häufig in Stuhlkreis und Gruppenaktivitäten eingebaut.

Die restlichen Förderideen werden am besten so strukturiert:

a) Anfangslied
Die Kinder werden mit einem Lied abgeholt.

b) Koordinationsübungen
Diese grobmotorischen Übungen laufen immer gleich ab. Durch die Verbindung der Koordinationsübungen mit den Lerneinheiten wird dem kindlichen Bedürfnis nach Bewegung Rechnung getragen. Dadurch erhöht sich die Aufmerksamkeit und Konzentrationsfähigkeit.

c) Handübung
Diese feinmotorische Übung wird hinzugenommen, wenn die grobmotorischen halbwegs gesichert sind. Besonders sinnvoll ist es diese Übungen vor den Lerneinheiten „Umgang mit Schere und Papier" sowie „Graphomotorik" durchzuführen.

d) Feinmotorische Koordination
Das Schuhebinden wird über mehrere Wochen entweder an dieser Position oder separat angeboten. Die Kinder erarbeiten anhand eines Verses einen Handlungsablauf.

e) Lerneinheiten
Innerhalb dieser Bereiche bauen die Anforderungen häufig aufeinander auf. Die Lernbereiche Graphomotorik und Zahlenverständnis sollten eher einschulungsnah durchgeführt werden.

f) Betrachtung der Werkstücke und Reflektion der Einheit

g) Abschlussspiel

Rituale – hilfreich für den Alltag

Kinder lieben Rituale. Wer kennt das nicht, im Alter zwischen vier und sieben möchten Kinder immer wieder dasselbe Märchen vorgelesen bekommen, sie achten dabei auch auf den gleichen Wortlaut und freuen sich immer über dieselben Stellen.

Kinder lieben Rituale

Im Alltag des Kindes gibt es viele Rituale, das Schlaflied, das Gebet oder Verschen vor dem Essen, ein ganz bestimmter Ablauf nach dem Aufstehen oder vor dem Zubettgehen. Diese Rituale entwickeln sich oft spontan und werden zunächst nicht absichtlich von Eltern oder Kindern initiiert.

Später, wenn sie sich verfestigt haben, werden sie bewusst eingesetzt, weil es einfach für alle Beteiligten die schönste Möglichkeit ist Dinge, die nun mal sein müssen, zu erledigen, z.B. das Kind kuschelt nach dem Abendessen noch mit dem Papa, da es ihn den ganzen Tag nicht gesehen hat, danach werden die Zähne geputzt, anschließend liest Papa eine Viertelstunde vor, danach kommt die Mama hinzu und spricht ein Gebet, beide Eltern küssen das Kind und verlassen das Zimmer. Das Kind wird genau diesen Ablauf jeden Tag einfordern. Warum ist das so?

> Rituale sind immer strukturiert und gleichbleibend, das Kind weiß also genau, was auf es zukommt. Alles ist klar und vorhersagbar. Das vermittelt Sicherheit und Geborgenheit.

Das Kind hat Orientierungshilfen sich zurechtzufinden und kann aufgrund verschiedener Rituale seinen Tagesablauf strukturieren und zeitlich begreifen. Gleichbleibende Wiederholungen helfen ihm außerdem eigene Gesetzmäßigkeiten der Rituale zu erkennen und abzuleiten.

Rituale werden überwiegend in Übergangssituationen eingesetzt, um Ängste abzubauen und rasch neue Sicherheit zu gewinnen. Sie verändern sich im Laufe der Zeit, passen sich der Entwicklung und den Bedürfnissen an, sind aber im Unterbewusstsein als angenehme Erinnerung verankert.

Babys werden beispielsweise häufig in den Schlaf geschaukelt und gesungen und, wenn ein Kind später starke Angst hat, kann man manchmal beobachten, wie es zu wippen und zu singen beginnt. Das Kind benutzt ein längst überholtes Ritual, um sich zu beruhigen.

Gemeinsam ausgeführte Rituale vermitteln ein Zugehörigkeitsgefühl und fördern somit die Gemeinschaft.

In der Arbeit mit Kindern heißt dies konkret, Strukturen lassen sich am besten anhand von Ritualen aufbauen. Die Kinder fühlen sich wohl und geborgen, es kommt ihrem kindlichen Erleben entgegen und erleichtert ihnen den Übergang von bekannten in neue Situationen. So erleben sie Struktur nicht als Zwang, sondern finden sich leicht in einen gewünschten Ablauf hinein.

> **Rituale**
> - Geben Struktur und Orientierung.
> - Lassen das Kind durch die ständige Wiederholung eigene Gesetzmäßigkeiten ableiten.
> - Vermitteln Sicherheit und Geborgenheit.
> - Fördern die Gemeinschaft.
> - Werden meist in Übergangssituationen eingesetzt.
> - Kinder lieben und entwickeln selbst eigene Rituale.

In diesem Buch werden mehrere Rituale eingesetzt, die den Übergang in die Schule erleichtern sollen. Das Konzept an sich ist selbst ein Ritual, da es immer am gleichen Tag, einmal die Woche, in gleichbleibender Dauer mit gleichem Aufbau und gleichen Regeln stattfindet. Es ändert sich lediglich inhaltlich in den Hauptteilen.

> **Welche Rituale werden verwendet?**
> 1. Anfangslied
> 2. Koordinationsübungen
> 3. Handübungen
> 4. Feinmotorische Koordination
> 5. Betrachtung der Werkstücke und Reflexion der Einheit
> 6. Abschlussspiel

Rituale

Anfangslied

Die Kinder werden mit einem Lied aus der gesamten Kindergartengruppe abgeholt. Sie definieren sich somit als Gruppe und wissen, jetzt beginnt ihre spezielle Förderstunde.
Suchen Sie sich ein festes Lied aus, es eignet sich ein Lied wie: „Tschu, tschu, tschu die Eisenbahn ..."

Koordinationsübungen

Warum Koordinationsübungen?

Koordinierte Bewegungen sind das Ergebnis des Zusammenwirkens des zentralen Nervensystems und der Skelettmuskulatur innerhalb eines gezielten Bewegungsablaufes. Koordinierte Bewegungen befähigen ein Kind zur effektiven Umsetzung einer Handlungsabsicht. Von einem guten Koordinationsvermögen spricht man dann, wenn ein Kind keine bewusste Anstrengung und Aufmerksamkeit auf den eigentlichen Bewegungsablauf richten muss. Bewegungs- und Handlungsmuster werden bei Erfolg bestätigt und durch häufiges Wiederholen als so genannte Engramme im Gehirn festgeschrieben. Sie können immer wieder verbessert werden und die Annäherung an ein Optimum wird angestrebt. Weniger erfolgreiche Modelle werden gelöscht.

Das Ziel der Koordinationsübungen ist, motorische Bewegungsmuster und Bewegungsabläufe genau in richtiger Kraftdosierung und schnell ausführen zu können. Das Koordinationstraining wird im Wesentlichen von der Wiederholung eines Bewegungsmusters bestimmt. Zu Beginn des Koordinationstrainings sind die Aufgaben einfach und werden langsam durchgeführt. Das Kind hat nicht nur die Möglichkeit eigene Fehler zu erkennen und auszumerzen, sondern kann sich an Ihnen und an der Gruppe orientieren.

Komplexe Bewegungsmuster wie der Hampelmannsprung werden in Schritte gegliedert und aufgebaut. Erst wenn ein Kind die einzelnen Bewegungsmuster verinnerlicht hat, wird die Schnelligkeit, Ausdauer und Kraft des komplexen Bewegungsablaufes trainiert. Somit ist hier die Zielsetzung auf die Bewegungsgenauigkeit gerichtet und strebt eine gelungene Automatisierung von Bewegungsmustern an. Die Planung ist vorgegeben. (vergl. Scheepers, C.; Steding-Albrecht, U.; Jehn, P.: Ergotherapie. Vom Behandeln zum Handeln, 2000)

Grobmotorische Koordination

Sie bezeichnet die Koordination zwischen den Extremitäten, z.B.:
- Handlungen, die den koordinierten Einsatz beider Körperhälften erfordern.
- Handlungen, die alle Extremitäten sowie die beiden Körperhälften einschließen.
- Handlungen, die das gleichzeitige Loslassen erfordern (Ballwerfen).
- Handlungen mit Rumpfrotation und Gleichgewichtsverlagerung.

Feinmotorische Koordination

Dabei handelt es sich um den koordinierten Gebrauch von Händen, Armen und Fingern. Bei der feinmotorischen Koordination ist auch die Auge-Hand-Koordination von großer Bedeutung und erfordert die Ausrichtung der Augen auf die Arbeit mit den Händen.

> Das Ausrichten der Augen auf die koordinierte Tätigkeit ist entscheidend für den Erwerb von Schrift und Sprache.

Da sich die Grobmotorik teilweise unabhängig von der Feinmotorik entwickelt, macht es Sinn diese beiden Bereiche unabhängig voneinander zu üben. Bei kleineren Kindern sind freie Spiele und rhythmische Übungen das beste Training für die Grobmotorik. Ältere Kindergartenkinder sollten jedoch darüber hinaus anspruchsvollere und gezieltere Übungen zur Bewegungserziehung durchführen.
Haben Kinder mit der motorischen Handlungsplanung und ihrer sensorischen Wahrnehmung Schwierigkeiten, sollten andere motorische Übungsfelder wie Psychomotorik oder sensorische Integration zusätzlich angeraten werden.

Durchführung Koordinationsübungen/ Grobmotorik

1. Die Kinder stellen sich im Kreis auf.
2. In die Mitte wird ein Gymnastikreifen mit zehn Sandsäckchen gelegt.
3. Jede Übung (s. S. 11) wird genau gegliedert, angesagt und **zehnmal durchgeführt**; z.B. Übung 1: rechten Arm hoch, linken Arm hängen lassen, linkes Knie anheben und mit der rechten Hand darauf schlagen.

Koordinationsübungen

1. einfache Überkreuzung

 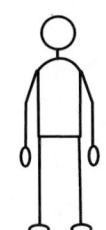 

Knie sollte nach einiger Zeit bis auf Hüfthöhe angehoben werden.

2. Kopf – Hüfte

3.
a. Arme – Schultern
Schwierigkeitsstufe 1

b. Arme – Schulter, Bein kreuzt nach vorne
Schwierigkeitsstufe 2

4. Nase – Ohr

5. Diagonalsprung ohne Arme

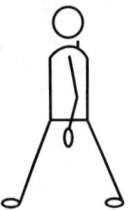

6. Spreizsprung
Vorübung Hampelmannsprung

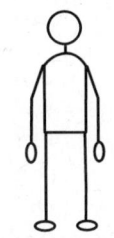 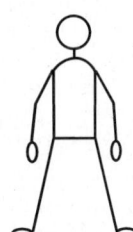 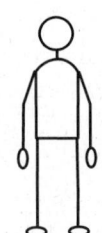

7. einfacher Hampelmann
Vorübung Hampelmann

 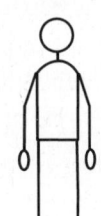 

8. Hampelmannsprung

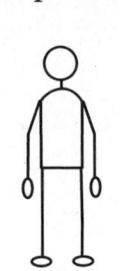  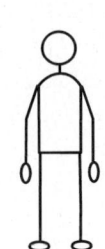

9. Bauch streicheln – Kopf klopfen

10. Mit den Füßen stampfen – Arme wickeln (Richtungswechsel)

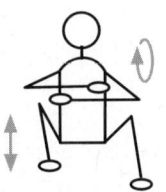

Rituale

4. In den ersten Stunden nur drei bis vier Übungen einführen, dann nach und nach auf alle Übungen erweitern. (Die Einführung benötigt viel mehr Zeit als später das Durchführen aller Übungen.)

Hierbei ist es sehr wichtig, dass alle Kinder die Übung richtig und gleichzeitig durchführen. Deshalb wird laut mitgezählt. Nach erfolgreicher Übung kann ein Bohnensäckchen in einen Reifen gelegt werden. Es ist auch möglich, den Kindern am Anfang ein farbiges Tuch um den rechten Arm zu binden, um ihre Konzentration auf die Übungen zu lenken. Die Rechts-Links-Unterscheidung soll ebenso bewusst mitgefördert werden wie das laute Zählen bis zehn.

Sind die Übungen nach einigen Einheiten gut eingeführt, so soll das konsequente gemeinsame Durchführen zum Teil unterbrochen werden, um zu sehen, ob sich die Übungen automatisiert haben (Hampelmannsprung flüssig, korrekt und öfters als dreimal am Stück, siehe Vorschlag Hampelmannkönig).

Konzentration und Mitarbeit bleiben besser erhalten, wenn Kinder die Übungen selbst ansagen (im Wechsel reihum) und darauf achten, dass alle Kinder mitkommen, dies ist jedoch in den ersten fünf Einheiten noch nicht möglich.

Schwächere Kinder am Körper unterstützen.

Haben sich die Bewegungsabläufe gefestigt, macht es den Kindern sehr viel Spaß, passende Verse zu den Übungen zu sprechen. Der Bewegungsablauf wird dadurch oft flüssiger, weil Verse die automatische Ausführung zulassen und die Kinder sich nicht mehr kognitiv kontrollieren (die Angst, etwas falsch zu machen, hemmt manche Kinder im Bewegungsfluss). Der Hampelmannsprung lässt sich beispielsweise nach einiger Zeit auch als Wettbewerb durchführen: ein Kind führt den Sprung in der Mitte aus, die anderen Kinder sitzen auf dem Boden und zählen laut mit. Der Sieger ist der Hampelmannkönig.

Handübungen

Beidseitige feinmotorische Handübungen

Die Handübungen zielen auf das gleichzeitige (linke und rechte Hand) und korrekte Ausführen bestimmter Hand- und Fingerbewegungen ab, die später zum Schreiben und für feinmotorische Handlungen benötigt werden.

Dabei sollen die Hand- und Fingerbeweglichkeit geschult und das maximale Bewegungsausmaß erreicht werden. So soll beispielsweise, während die Handflächen nach oben schauen, der Handrücken möglichst vollständig und gleichmäßig auf dem Boden aufliegen.

Durch das Durchführen bei hoher Muskelanspannung soll eine Verbesserung der Finger- und Handkraft erreicht werden.

Führen Sie die Übungen in Bauchlage und Unterarmstütz durch. Einerseits befinden sich dabei die Ellbogen fest auf dem Untergrund, d.h. die Bewegungen müssen aus dem Unterarm und dem Handgelenk erfolgen, anderseits wird hier die Nackenmuskulatur gekräftigt.

Durchführung

- Die Kinder legen sich im Kreis auf den Boden mit dem Gesicht zur Mitte.
- Ausgangsposition: Bauchlage mit Unterarmstütz, Arme senkrecht unter dem Schultergelenk.
- Die Kinder werden ermuntert, so kräftig und so sorgfältig wie möglich die Bewegungen auszuführen.
- Der Spruch wird gleichzeitig mit der Bewegungsausführung gesprochen.
- Anfangs nach jedem Bewegungswechsel genau schauen, ob die Kinder diese ausführen konnten, und eventuell direkt am Kind korrigieren, erst dann nächste Bewegung ansagen.
- Den Daumen-Zeigefinger-Wechsel („auf die Leiter immer weiter") werden die Kinder zunächst nicht können, sagen Sie das den Kindern. Erfahrungsgemäß üben sie dies zu Hause oder im Freispiel und können diese Stelle oft schnell besonders gut.
- Nach mehreren Einheiten kann die Abfolge ohne Pausen durchgeführt werden.

Rituale

Handübung Vorschule

1. **Suppe**   oder   2. **Brot?**
   Handrücken liegt auf der Unterlage.   Handfläche liegt auf der Unterlage.

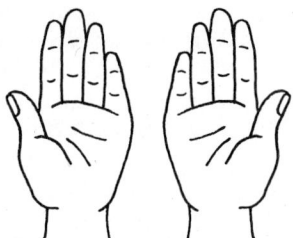   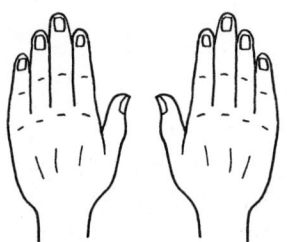

3. **In der Not**   4. **steigt der Bauer**
   Faustschluss, Daumen innen, Nägel verstecken.   Beide Hände gestreckt übereinander stellen.

5. **auf die Leiter, immer weiter,
   immer weiter, auf der Leiter**
   Der rechte Daumen drückt den linken Zeigefinger,
   der linke Daumen den rechten Zeigefinger,
   im Wechsel öffnet sich ein Daumen-Finger-Paar
   dreht nach oben und schließt wieder.

6. **bis zum Dach,**   7. **schaut zum Fenster raus.**
   Pinzettengriff: Daumen und Zeigefinger   Zangengriff: Daumen und Zeigefinger
   sind durchgestreckt.   sind gebeugt, vor die Augen halten.

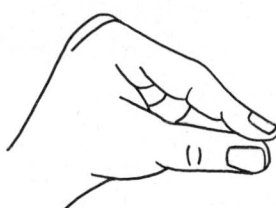   

8. **Ach – das – Le – ben – ist – ein – Graus!**
   Jeder Finger tippt nacheinander zum Daumen.

Rituale

Komplexe feinmotorische Koordination: Schuhe binden

Dieses Ritual wird erst eingeführt, wenn die anderen Koordinationsübungen sicher beherrscht werden und im zeitlichen Ablauf weniger Raum einnehmen.

Hierbei handelt es sich um eine sehr komplexe feinmotorische Handlung, die eine Vielzahl unterschiedlichster Bewegungen erfordert. Dazu benötigen die Kinder ein hohes Maß an Augen-Hand-Hand-Koordination. Darüber hinaus müssen sie sich mehrere Handlungsschritte in einer bestimmten Reihenfolge merken. Dieses Aneinanderreihen von Handlungsschritten wird den Kindern durch das Sprechen eines Verses erleichtert. Sie erhalten hierdurch die nötige Orientierung und einen abrufbaren Handlungsplan.

Des Weiteren ist eine genaue Kraftdosierung nötig. Schleifen sind anfangs oft noch zu locker oder die Schlaufen zu groß, sodass das Band wieder durchrutscht.

Das Arbeiten an Vorlagen (s. S. 16, 18) ist einfacher und erspart den Kindern anfangs die Enttäuschung, dass sich ihre kunstvoll gestaltete Schleife nach zwei Minuten wieder löst. Die Bänder sind wesentlich länger als an Kinderschuhen und die Vorlage liegt in Arbeitshöhe auf dem Tisch.

Bei Festigung der Fertigkeit muss die Übertragung auf die eigenen Schuhe der Kinder natürlich stattfinden und sollte ebenfalls begleitet werden.

Der „Schuhbinde-Führerschein" (s. S. 19) erhöht nicht nur die Motivation der Kinder enorm, sondern stellt sicher, dass die Handlung gefestigt und jederzeit abrufbar ist. Deshalb sollte die Überprüfung an unterschiedlichen Tagen stattfinden.

Kinder, die hier große Schwierigkeiten haben, kann man noch dadurch unterstützen, dass ein zweifarbiger Schnürsenkel in die Schablone eingezogen wird (bzw. zwei Senkel verschiedener Farbe, die zerschnitten und neu kombiniert wieder in der Mitte verknotet werden).

Das Schuhebinden kann auch separat als Projekt durchgeführt werden, z.B. in 2–4 Wochen täglich 10 Minuten. Die Abstände der einzelnen Übungsphasen sollten auch nicht zu groß sein, mindestens einmal die Woche sollte geübt werden.

Anleitung zur Herstellung der Vorlagen:

Material:
- pro Kind 2 Bogen Tonpapier (2 Farben) DIN A4
- pro Kind 1 Schuhband 90 cm (besser flach als rund)
- Laminiergerät oder selbstklebende Folie

Herstellung:
- Schablone auf Tonpapier übertragen und ausschneiden
- auf den zweiten Bogen Tonpapier kleben
- laminieren
- Löcher für den Schnürsenkel ausschneiden
- Schnürsenkel einziehen (bei zwei Farben: vorher mittig verknoten und dann einziehen)

Durchführung

- Laminierte Unterlagen mit Tesafilm auf den Tisch kleben.
- Jeder Schritt wird langsam vorgemacht und die Textzeile dazu gesprochen.
- Die Kinder machen gemeinsam den Schritt nach und werden bei Problemen einzeln unterstützt.
- So wird Schritt für Schritt aufgebaut.
- Haben nach einigen Einheiten manche Kinder das Schuhebinden gelernt und andere nicht, so können diese fitten Kinder schwächeren Kindern zugewiesen werden, um sie zu unterstützen.
- Der Schuhbinde-Führerschein kann im individuellen Tempo erlangt werden: Sobald ein Kind das Schuhebinden beherrscht, kann es den Beweis antreten und sich das Ergebnis eintragen lassen.
- Vorher sollte allerdings die Übertragung auf die eigenen Schuhe sichergestellt werden.
- Die Dauer des Erlernens ist bei den Kindern sehr unterschiedlich.

Schuhe binden mit einem Gedicht

Kreuz die Arme,

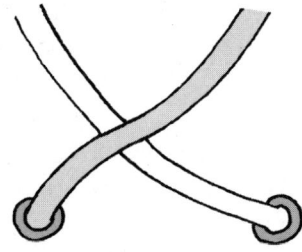

schlüpf unten vor,

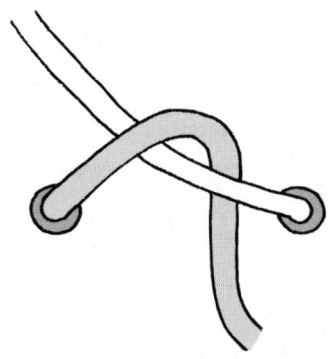

zieh ganz fest

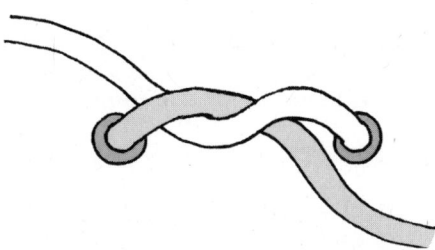

und leg ein Ohr,

den Ring drum rum,

zum Fenster raus,

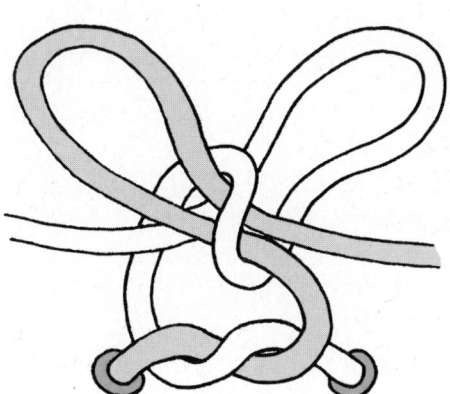

zieh die Ohren lang und jetzt ist es aus!

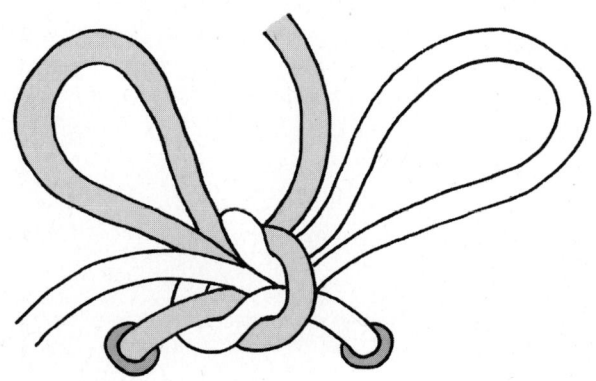

Rituale

Reflektion der Einheit

Nach jeder Einheit dürfen die Grundschulkinder ihre Ergebnisse den jüngeren Kindern zeigen. Sie können erzählen, ob sie ihnen schwer gefallen ist und ob sie ihnen gefallen hat. Sie sollen lernen, die Arbeit der anderen unabhängig von ihrer Qualität zu beachten und ihre eigene darzustellen. An dieser Stelle dürfen sie auch ihre Urkunden zeigen und werden für Mitarbeit gelobt.

Abschlussspiel

Die Kinder bekommen dadurch ein klares Signal über das Ende der Einheit. Die Koordinationsübungen haben ihren Schwerpunkt in der Mittellinienkreuzung des Körpers. Dabei wird die Koordination beider Körperhälften gefördert.

Bereits das Einnehmen des Schneidersitzes wird für viele Kinder ungewohnt und schwierig sein. Diese sehr gesunde, bodennahe Sitzhaltung erfordert gute Haltearbeit der Muskulatur und sollte allgemein im Gruppenalltag so viel wie möglich eingesetzt werden.

Im feinmotorischen Bereich wird die Daumen-Finger-Opposition geübt, welche eine wichtige Voraussetzung für alle differenzierten Greiffunktionen ist. Auch hier werden viele Kinder Schwierigkeiten haben und erst im Laufe des Jahres ein flüssiges Bewegungsbild entwickeln. Die Kinder sollten zwar mit fünf Jahren die Opposition der einzelnen Finger zum Daumen unter visueller Kontrolle bewerkstelligen können, aber die Bewegungen dürfen noch langsam und die Kraftdosierung darf noch unausgewogen sein.

∽ Durchführung:

- Bewegungen werden zum Vers ausgeführt.
- Bewegungsgenauigkeit steht im Vordergrund.
- Die Gruppe wartet, bis alle Kinder die Bewegung ausgeführt haben.
- Anfangs sehr langsam, dann zunehmend flüssiger.

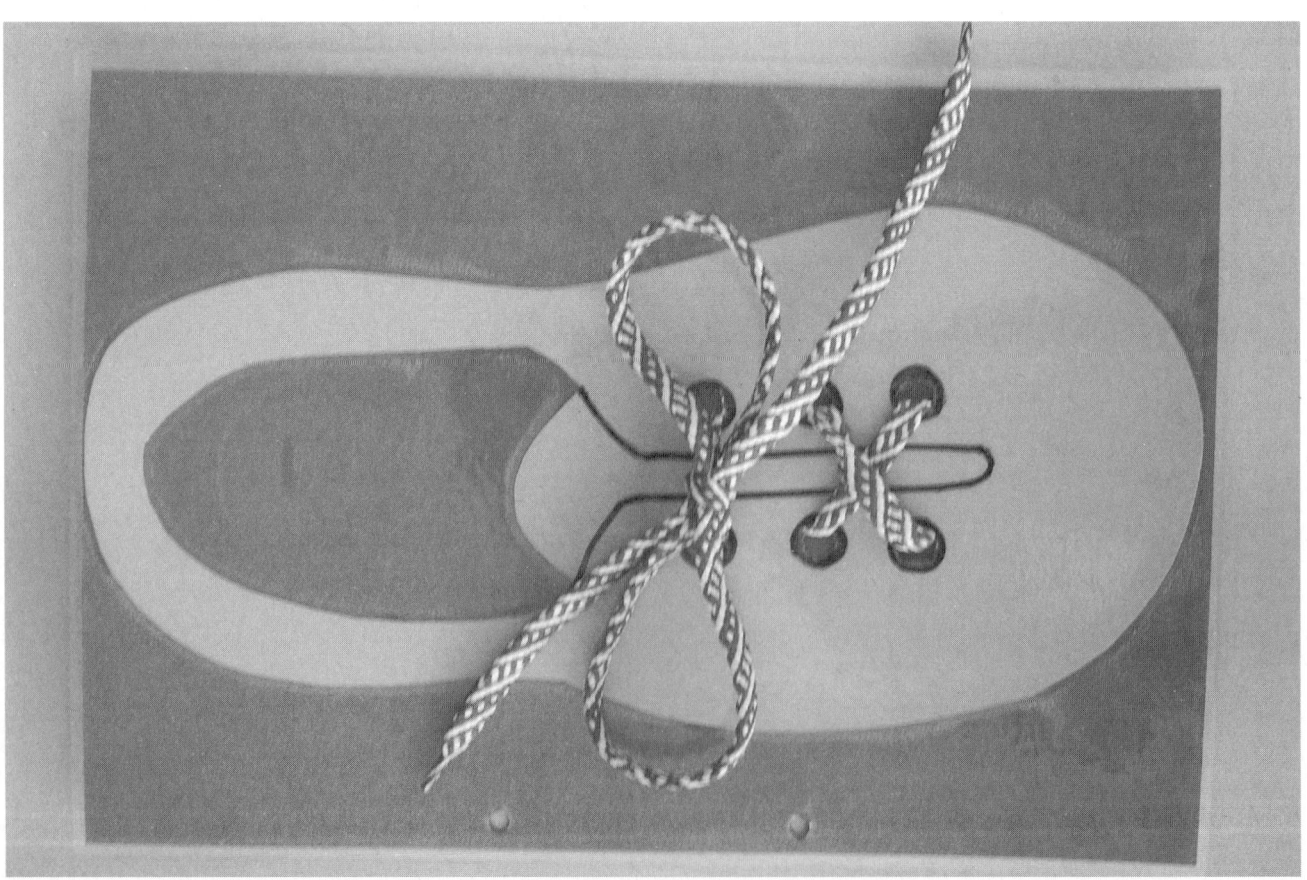

Abschlussspiel

(Koordination nach Rigobert Bastuck)

Es werden die fett gedruckten Worte gesprochen und die entsprechenden Übungen zeitgleich gemeinsam ausgeführt.

1. Eins,
Auf dem Stuhl oder im Schneidersitz auf dem Boden sitzend schlägt die rechte Hand auf das linke Knie.

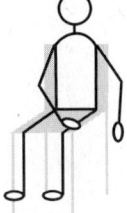 

2. zwei,
In der gleichen Position schlägt die linke Hand auf das rechte Knie.

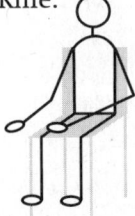 

3. drei,
Beide Hände schlagen auf den Tisch oder im Schneidersitz auf beide Oberschenkel.

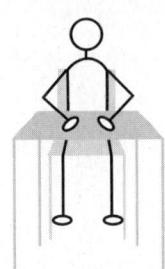 

4. die Vorschule ist vorbei.
Die Ellenbogen werden auf den Tisch gestützt (Schneidersitz = Oberschenkel) und die Hände pro Wort einmal gedreht.

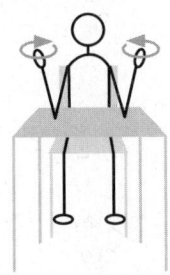 

5. Vier,
Mit der rechten Hand zum linken Ohr.

6. fünf,
Mit der linken Hand zum rechten Ohr.

7. sechs,
Mit der rechten Hand zur Nase.

8. in die Gruppe gehen wir jetzt.
Daumen-Finger-Opposition, pro Finger eine Silbe, beginnend mit Daumen auf Zeigefinger bis zum kleinen Finger und wieder zurück.

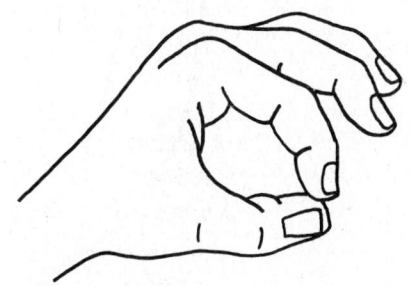

© Ernst Klett Verlag, Stuttgart, 2004. Von dieser Druckvorlage ist die Vervielfältigung für den eigenen Gebrauch gestattet. Entnommen aus „Fit für die Grundschule", ISBN 3-12-010101-X

Rituale

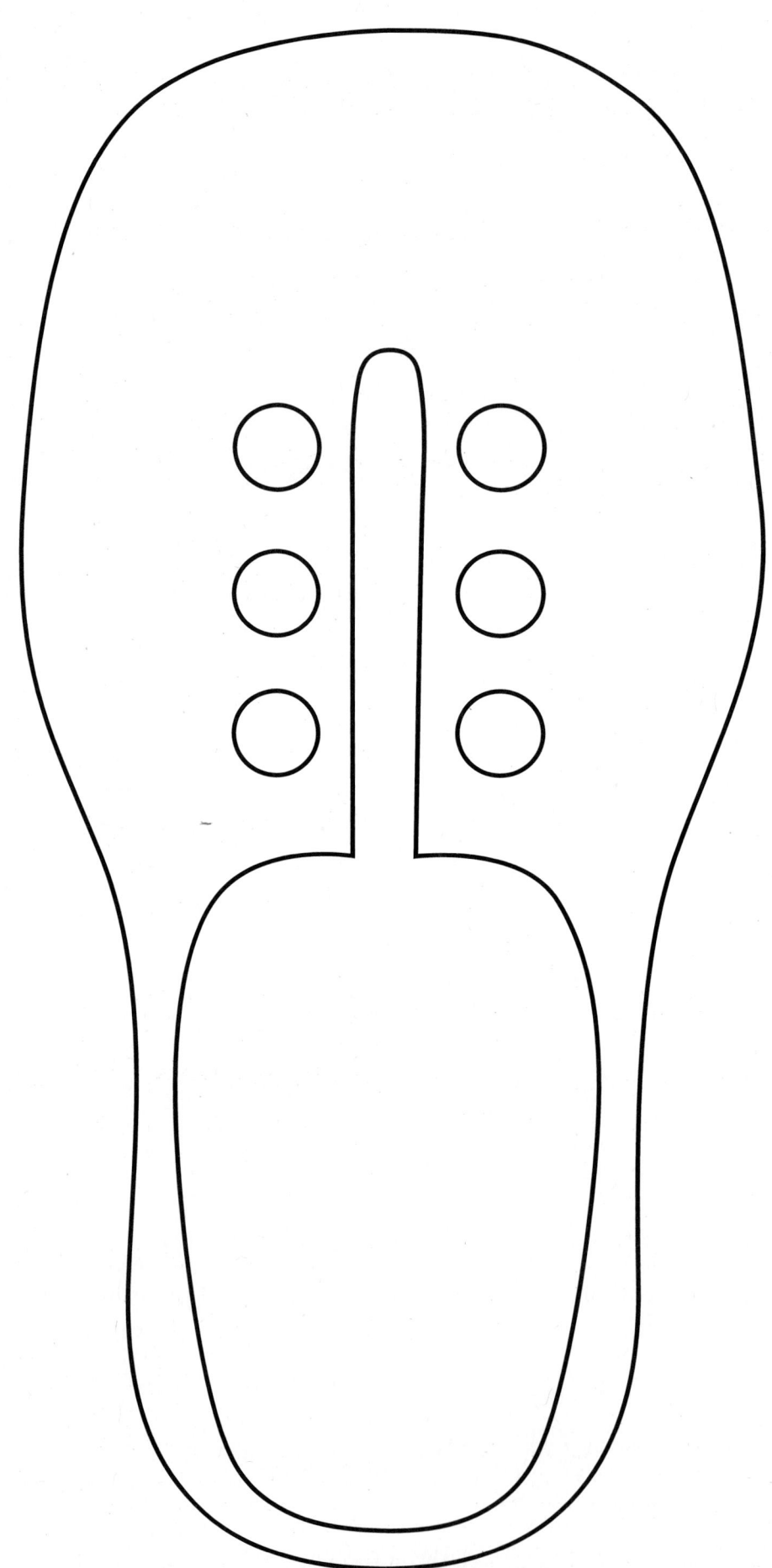

Schuhbinde-Führerschein

Der Inhaber dieses Führerscheins ist berechtigt
selbstständig und ohne fremde Hilfe
seine Schuhe zu binden!

Dies konnte _____
an folgenden Tagen unter Beweis stellen.

_____   _____
Datum   Unterschrift des Prüfers   Datum   Unterschrift des Prüfers

_____   _____
Datum   Unterschrift des Prüfers   Datum   Unterschrift des Prüfers

_____   _____
Datum   Unterschrift des Prüfers   Datum   Unterschrift des Prüfers

Belohnungssysteme

Belohnungssysteme – Motivation fördern

Lassen sich durch ein Verhalten regelmäßige positive Konsequenzen herbeiführen und aufrechterhalten, dann erhöht sich die Wahrscheinlichkeit, dass das solchermaßen verstärkte Verhalten in der gleichen oder einer ähnlichen Situation erneut auftritt (operantes Konditionieren nach Skinner).

Positive Verstärkung

- **Schaffung von Motivation** („Versuche es noch einmal, danach spielen wir dein Lieblingsspiel.")
- **Verhaltensformung durch schrittweise Annäherung** (Beispiel Schuhe binden: Die Kinder werden gelobt, wenn sie den ersten Schritt durchführen können oder selbstständig beginnen, sich damit zu beschäftigen.)
- **Kontingente Verstärkung, in der richtigen Reihenfolge, folgerichtig und kontinuierlich** (Die Verstärkung muss am Anfang immer einsetzen und für das Kind nachvollziehbar sein.)
- **Festigung** (Die Verstärkung muss nur noch gelegentlich erfolgen.)

Lernen ist motivationsabhängig und sollte im positiven Kontext erfolgen, deshalb ist die positive Verstärkung das geeignete Mittel, um die vorhandene Motivation des Kindes zu erhalten und zu fördern.
- Bei der Belohnung sollte die Bemühung des Kindes im Vordergrund stehen.
- Nur belohnt oder verstärkt werden sollte, was lobenswert ist.
- Der Maßstab sollte sich individuell am Kind orientieren.
- Lernanreize funktionieren nur dann, wenn sie dem Bedürfnis des Kindes entsprechen.
- Belohnungen sollten zeitnah und für das Kind nachvollziehbar sein.

~ Mit welchen positiven Verstärkern wird gearbeitet?

Urkunden
Urkunden werden teilweise in den Einheiten direkt vorgesehen (z.B. beim Fadenwickelspiel) oder für Sozialverhalten und Konzentration verliehen. Je nachdem, welches Verhalten gefördert werden soll, können eigene Urkunden entwickelt werden. Werden Urkunden von vornherein in Aussicht gestellt, bemühen sich die Kinder deutlich mehr.

Belohnungskärtchen
Belohnungskärtchen sind beim Thema Formen eingeplant, können aber in allen Einheiten eingesetzt werden. Schön wäre es auch, sich eine Kramkiste mit Belohnungen anzuschaffen, aus der Kinder eine vorher festgelegte Anzahl von Belohnungskärtchen gegen Kleinigkeiten wie Murmeln oder Haargummis eintauschen können. Tauschverstärker in Form von Wäscheklammern werden bei der visuellen Merkfähigkeit eingesetzt.

Lob
Sparen Sie nicht damit, echtes Lob wird niemals zu viel, ein Kind liebt und braucht viel Bestätigung.

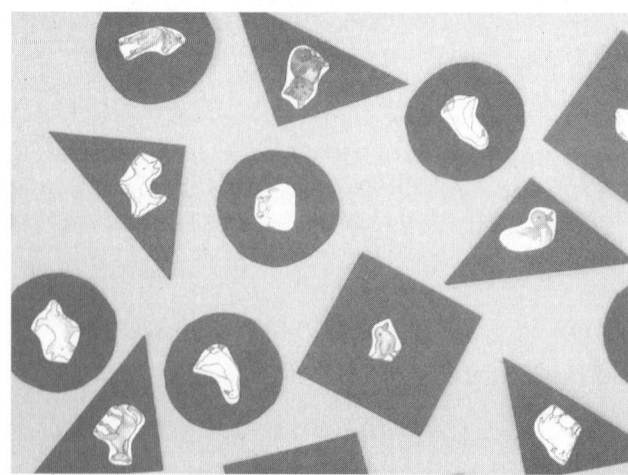

Urkunde

Für

_____

Der (die) Super-Fadenwickler(in)
der Vorschulgruppe

erhält am _____
für das Aufwickeln einer
Garnrolle

in _____ Sekunden
diese Urkunde!

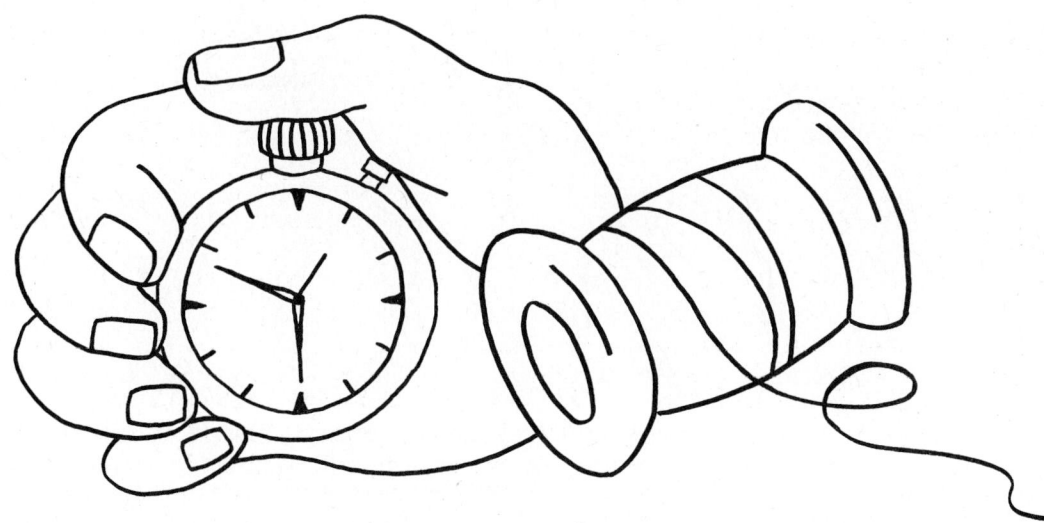

Urkunde

Urkunde

Name:

_____

Für besonders liebevollen Umgang
mit anderen Kindern und
Rücksichtsnahme

am _____ .

Darüber freut sich

_____

Urkunde

Urkunde

Name:

_____

Das Kind konnte sich am _____

durch besonders gute Konzentration und Mitarbeit auszeichnen.

Darüber freut sich

_____

Urkunde

Urkunde

Name des Kindes

_____

Am _____

Für _____

Zeit _____

Darüber freut sich

_____

Beobachtungsbogen und Checkliste

Der Beobachtungsbogen und die Checkliste helfen bei der Bestandsaufnahme und dienen als Grundlage für Gespräche mit Kollegen, Eltern und Lehrern. Sie lassen sich in den Kindergarten-Alltag integrieren.

Wozu die Bögen?

Sicher wird jede gute Erzieherin aufgrund ihrer Erfahrung beurteilen können, ob ein Kind die nötigen Voraussetzungen für einen Schulbesuch mitsichbringt. Bei der Zusammenarbeit mit Eltern oder anderen Institutionen ist es jedoch äußerst nützlich und professionell, seine Beobachtungen klar belegen zu können. Immer wieder sind auch Kinder in den Einrichtungen, die den Erziehern „Bauchschmerzen" bereiten, da diese nicht klar einzustufen sind. Hier ist es hilfreich die erbrachten Leistungen des Kindes auf einem Bogen zu haben, um seine Begabungen sowie Schwächen zu sehen und abzuwägen. Gerade im direkten Vergleich mit den anderen Kindern der Gruppe, die genau die gleiche Förderung erhalten haben, lassen sich die Kinder gerecht einstufen.

Was wird mit den Bögen beobachtet?

Im Laufe des Kurses sollen die Kinder Basisqualitäten für den anstehenden Schulbesuch erlernen und vertiefen. Die Anforderungen sind so gestellt, dass ein Kind aufgrund seiner Entwicklungsstufe in der Lage ist diese zu bewältigen.
Die Kinder sollten nahezu alle Bereiche erfolgreich durchlaufen, um dem Schulalltag problemlos gerecht zu werden. Es gibt aber in der kindlichen Entwicklung gewisse Normabweichungen, die nicht als pathologisch zu werten sind. Dieser Bogen dient der Orientierung und Dokumentation. Mit dem Beobachtungsbogen soll ermittelt werden, ob die Kinder über ausreichende Fähigkeiten und Fertigkeiten für die Schule verfügen.

Wofür können die Bögen verwendet werden?

- Bestandsaufnahme über die Fähigkeiten und Fertigkeiten eines Kindes.
- als Arbeitsgrundlage für Gespräche mit Eltern,
- als Arbeitsgrundlage für die Zusammenarbeit mit den Kooperationslehrern der Grundschule,
- für die Erkennung von Problemen und Stärken der gesamten Gruppe sowie des einzelnen Kindes (Spielangebote können daraufhin abgestimmt werden),
- für die Früherkennung von Teilleistungsstörungen, Defiziten und Entwicklungsverzögerungen.

Die Bögen können nicht nur innerhalb der strukturierten Angebote verwendet werden. Zeigen die Kinder im Gruppenalltag ohne weitere Hilfestellung die aufgelisteten Fertigkeiten, können diese genauso in den Bogen eingetragen werden. Ziel ist schließlich, dass das Kind das Gelernte im Alltag anwenden kann und in verschiedenen Situationen einsetzt. Jedoch zeigt die Praxis, dass der Beobachter die Bewertungen in strukturierten Situationen im direkten Vergleich verschiedener Kinder viel schneller und sicherer vornehmen kann.

Allgemeiner Beobachtungsbogen

Bei Bedarf können mehrere Blätter im Laufe des Jahres nötig sein. Die Leistungsbereitschaft, die Motivation und das Verhalten des Kindes können sich stark verändern und je nach Thema, Interesse und Tagesverfassung variieren. So empfiehlt es sich alle Eintragungen mit Datum zu versehen.
Beim Bereich Ausdauer und Konzentration ist das Festhalten der Minutenzahl empfehlenswert, wenn das Kind hier Schwierigkeiten hat und ein direkter Vergleich erwünscht ist.
Beim Sozialverhalten sind das Verhalten zu den anderen Kindern sowie der Umgang mit Erfolg und Misserfolg zu beobachten. Hier kann steuernd mit den Urkunden umgegangen werden. Viele Kinder müssen sich zuerst an die strukturierten Angebote gewöhnen, zeigen am Anfang Schwierigkeiten und sind dann am Ende des Kurses absolut unauffällig.

Beobachtungsbogen

Name des Kindes: _____ Geburtsdatum: _____

Alter: _____ Beobachtungszeitraum: _____

Allgemeine Beobachtungen

_____

_____

Sozialverhalten

Kontaktfähigkeit: _____

Zusammenarbeit mit anderen Kindern: _____

Umgang mit Konflikten, Erfolgen, Misserfolgen: _____

Umgang mit Regeln: _____

Motivation (wie viel Motivation bringt das Kind mit, wie kann es gut motiviert werden)

_____

_____

Ausdauer und Konzentration

bei motorischen Tätigkeiten: _____

bei feinmotorischen Tätigkeiten: _____

bei kognitiven Anforderungen: _____

Lernverhalten

Aufgabenverständnis: _____

Merkfähigkeit: _____

Interessen: _____

Übertragungsfähigkeit des Gelernten auf den Alltag: _____

Vorerfahrungen und Wissen, besondere Fähigkeiten: _____

© Ernst Klett Verlag, Stuttgart, 2004. Von dieser Druckvorlage ist die Vervielfältigung für den eigenen Gebrauch gestattet. Entnommen aus „Fit für die Grundschule", ISBN 3-12-010101-X

Die Checkliste

Die Liste ist in die verschiedenen Themenbereiche untergliedert. So werden meistens pro Kind nur zwei bis drei Kreuze pro Einheit gemacht werden müssen. Es bietet sich an, dies direkt im Anschluss an eine Übung zu erledigen, eine Bewertung während der Einheit sollte vermieden werden, um die Kinder nicht unter Leistungsdruck zu setzen. Auch hier ist es sinnvoll das Datum einzutragen. Erkennt ein Kind beispielsweise im September die Farben noch nicht, wird dies vermerkt. Zeigt es im Dezember einen sicheren Umgang mit den Farben, wird dies nun erneut eingetragen.

Zu den einzelnen Beobachtungen finden Sie weitere Erklärungen (s. S. 32).

Welche Leistung sollte ein Kind zeigen?

Beim Verlassen des Kindergartens sollte ein Kind in der Lage sein, die geforderten Aufgaben weitgehend erfolgreich zu bewältigen. Aufgaben, die ein Kind nicht unbedingt erfüllen muss, sind gekennzeichnet. Anfangs entstandene Lücken sollten (wenn nicht frei beobachtet) kurz vor Ende des Jahres überprüft werden. Voraussetzung hierfür ist, dass alle Bereiche auch durchgeführt und bei Bedarf vertieft wurden (das heißt, man kann das Erkennen der Ziffern bis zehn nicht unbedingt verlangen, wenn diese Einheit nicht durchgeführt wurde).

Das Üben von Fertigkeiten

Lernen lebt vom Erfahren, Handeln, der Motivation und der strukturierten Wiederholung.

> Beim Lernen unterscheidet man prinzipiell zwischen selbstorganisiertem Lernen (d.h. Lernen ohne „äußeren" Trainer) und angeleitetem Lernen. (vergl. Spitzer, M.: Geist im Netz, 2000)

Die meisten Kinder erleben und erforschen ihre Umwelt so intensiv, dass sie wie von selbst die Fertigkeiten erwerben, die sie benötigen, um den nächsten Entwicklungsschritt zu bewältigen. Dazu benötigt ein Kind ein Umfeld, das es ihm ermöglicht, sinnvolle und strukturierte Erfahrungen zu machen und aus dem das Kind Gesetzmäßigkeiten ableiten kann.

Ein Kind, das anfangs einzelnen Anforderungen nicht gerecht werden kann, ist häufig in der Lage bei passendem Spielangebot sich in kurzer Zeit die entsprechenden Fertigkeiten zu erwerben. Ein Kind, das aber zuhause z.B. nur vor dem Fernseher sitzt, wird sich im Umgang mit der Schere erheblich schwerer tun, als ein Kind dessen Eltern intensiv mit ihm basteln oder sein Umfeld dementsprechend gestalten.

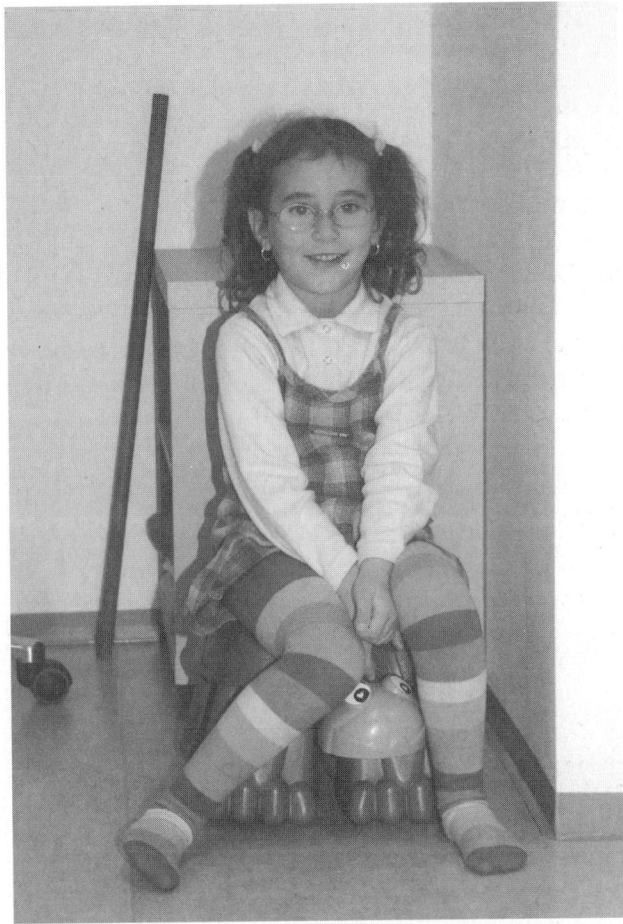

Manche Kinder brauchen für einige Fähigkeiten ein bisschen länger oder benötigen die gezielte Unterstützung von Erwachsenen. Dies kann ganz unterschiedliche Ursachen haben. Insgesamt ist die Motivation der Kinder zwischen fünf und sieben Jahren sehr hoch und sollte genutzt werden. Dadurch, dass die Anforderungen dem Entwicklungstand und den Neigungen der Kinder entsprechen, das Kind also als Input angeboten bekommt, was sein Gehirn lernen möchte, sind Erfolge rasch zu beobachten.

Wichtig ist jedoch zu beachten, dass komplexe Fertigkeiten nur dann trainiert werden sollen, wenn zunächst die einfachen erlernt wurden. Das heißt konkret, wenn Sie während der Durchführung

Beobachtungsbogen

einer Einheit die Überforderung eines Kindes beobachten, nehmen Sie es heraus, machen Sie es zu Ihrem Assistenten oder adaptieren Sie unauffällig seine Aufgabenstellung und üben Sie mit dem Kind separat die Fertigkeit von der Stufe an, auf der es sich befindet.

> Schwere Entwicklungsrückstände sind sicher allein mit der Förderung im Kindergarten nicht zu beheben.

Fähigkeiten zur Zeit der Einschulung

Kann ein Kind einzelne Anforderungen nicht erfüllen, so ist dies sicher kein Grund den Eltern vom Schulbesuch abzuraten. Jedoch sollte in diesen Bereichen genau hingeschaut werden, dem Kind passende Angebote gemacht werden und eventuell den Eltern zu einer speziellen Diagnostik geraten werden. Ein intelligentes Kind wird sicher einzelne Schwierigkeiten kompensieren können, z.B. wenn ein Kind Schwierigkeiten bei der Feinmotorik hat, kann es trotzdem schreiben lernen. Aber trotz allen Bemühungen werden das Schriftbild und die Schreibgeschwindigkeit nicht der Leistung seiner Schulkameraden entsprechen. Das Kind muss mehr Kraft und Energie aufwenden, um die motorischen Schwierigkeiten zu bewältigen. Es wird dadurch behindert, sich auf die inhaltliche Komponente zu konzentrieren. So wird das Kind nicht die Leistungen zeigen, die es aufgrund seiner Intelligenz zeigen könnte. Hier ist es sinnvoll, den Eltern zum Besuch des Kinderarztes zu raten, damit dieser therapeutische Maßnahmen einleiten kann.

Kann das Kind mehrere Anforderungen nicht erfüllen, so kann davon ausgegangen werden, dass ein reibungsloser Übergang in die Schule nicht gewährleistet ist. Die Eltern sollten hier auch hinsichtlich einer genaueren Abklärung der körperlichen, geistigen und sensorischen Fähigkeiten beraten werden, um das Kind in dieser wichtigen Entwicklungsphase optimal zu unterstützen.

> Eine Zurückstellung des Schulbesuchs ist bei jüngeren Kindern oft sinnvoll, die gewonnene Zeit sollte dann aber auch genützt werden, das Kind dabei zu unterstützen, seine Lücken aufzuarbeiten.

Check up

Checkliste Fertigkeiten und Fähigkeiten

Name: _____ *Geburtsdatum:* _____ *Alter:* _____

1. Sprache

Anforderung	ja	nein	
Hört genau hin	☐	☐	Datum: _____
Spricht sinnbetont	☐	☐	Datum: _____
Kennt Auszählvers oder Kinderlied	☐	☐	Datum: _____
Findet Reimpaare	☐	☐	Datum: _____
Kann seinen Namen in Silben zergliedern und nachklatschen	☐	☐	Datum: _____
Findet Anlaut eines Wortes	☐	☐	Datum: _____

2. Farben

Anforderung	ja	nein	
Sortiert Rot, Gelb, Grün, Blau	☐	☐	Datum: _____
Rot, Gelb, Grün, Blau erkennen und benennen	☐	☐	Datum: _____

3. Formen

Anforderung	ja	nein	
Sortiert Kreis, Dreieck, Viereck	☐	☐	Datum: _____
Kreis, Dreieck, Viereck erkennen und benennen	☐	☐	Datum: _____
Formen, Kreis, Dreieck, Viereck nachzeichnen	☐	☐	Datum: _____
Einzelne Formen herausfinden und kennzeichnen	☐	☐	Datum: _____

4. Umgang mit Schere und Papier / Feinmotorik

Anforderung	ja	nein	
Beim Ausmalen Begrenzungen einhalten	☐	☐	Datum: _____
Auf einer Linie schneiden	☐	☐	Datum: _____
Rundungen ausschneiden	☐	☐	Datum: _____
Webtechnik begreifen und ausführen	☐	☐	Datum: _____
Schuhe binden	☐	☐	Datum: _____
Kügelchen aus Krepppapier herstellen	☐	☐	Datum: _____
Legt Haus aus Streichhölzern nach	☐	☐	Datum: _____
Figuren aus Papier nachfalten: Kopftuch, Buch, Haus, Brief, Schiff, Umhang	☐	☐	Datum: _____

Welche Figuren: _____ Welche nicht: _____

© Ernst Klett Verlag, Stuttgart, 2004. Von dieser Druckvorlage ist die Vervielfältigung für den eigenen Gebrauch gestattet. Entnommen aus „Fit für die Grundschule", ISBN 3-12-010101-X

> Check up

5. Graphomotorik

Anforderung		ja	nein	
Handdominanz bereits entwickelt	rechts	☐	☐	Datum: _____
	links	☐	☐	Datum: _____
Dreipunktgriff		☐	☐	Datum: _____

Qualität: _____

Anforderung	ja	nein	
Aufrechte Sitzhaltung	☐	☐	Datum: _____
Arbeitet aus dem Handgelenk und nicht aus der Schulter	☐	☐	Datum: _____
Mittellinie kreuzen, ohne zu stoppen	☐	☐	Datum: _____
Malen mit mittlerem Druck	☐	☐	Datum: _____
Bewegungen der Finger (z. B. Fingerspiele, Zählbewegung) sind ausdifferenziert	☐	☐	Datum: _____
Schwungübungen in der richtigen Reihenfolge nachfahren	☐	☐	Datum: _____
Beachtet Rechtsläufigkeit	☐	☐	Datum: _____
Vornamen schreiben	☐	☐	Datum: _____
Selbstständig einen Nagel einschlagen	☐	☐	Datum: _____

6. Merkfähigkeit visuell / auditiv / taktil

Anforderung	ja	nein	
Auszählvers über mehrere Tage merken	☐	☐	Datum: _____
Fünf Bildkarten merken und aufzählen	☐	☐	Datum: _____

Anzahl: _____ _____

Anforderung	ja	nein	
Fehlende Gegenstände benennen	☐	☐	Datum: _____
Beim Tastmemory Paare finden	☐	☐	Datum: _____
Sinnentleerte Silben nachsprechen	☐	☐	Datum: _____
Rhythmus nachklatschen	☐	☐	Datum: _____

7. Symbole / Verkehrszeichen

Anforderung	ja	nein	
Bedeutung von Verkehrszeichen erfassen	☐	☐	Datum: _____
Symbole in Handlung umsetzen	☐	☐	Datum: _____

8. Zahlenverständnis / Mengenverhältnisse

Anforderung	ja	nein	
Reihenfolgen richtig merken	☐	☐	Datum: _____
Bis zehn sicher zählen	☐	☐	Datum: _____
Sortiert zehn Größen	☐	☐	Datum: _____
Simultanerfassung des Würfels und Mengenerkennung bis fünf	☐	☐	Datum: _____
Menge in zwei bis drei Teilmengen aufteilen	☐	☐	Datum: _____
Zwei Zahlen der Größe nach sortieren	☐	☐	Datum: _____
Gleichbleiben von Mengen nach Umordnung erkennen	☐	☐	Datum: _____
Ziffern bis zehn lesen	☐	☐	Datum: _____
Zu einer Ziffer die Menge legen	☐	☐	Datum: _____

9. Grobmotorik

Anforderung	ja	nein	
Gleichgewicht	☐	☐	Datum: _____
Hampelmannsprung zehnmal	☐	☐	Datum: _____
Flüssige Bewegungen	☐	☐	Datum: _____

Beobachtungsbogen

Erläuterungen zur Checkliste

1. Sprache

1.1 Hört genau hin
Für alle Lernprozesse ist das Lenken der Aufmerksamkeit auf den Bearbeitungsschwerpunkt von gravierender Bedeutung.

1.2 Spricht sinnbetont
Wissensvermittlung erfolgt in der Regel über Sprache. In der gesprochenen Sprache kommt es nicht nur darauf an, was gesagt wird, sondern auch wie, damit der Inhalt richtig verstanden wird. Ein Satz kann anders betont werden und dadurch eine völlig neue Bedeutung erhalten. Den Inhalt und die Bedeutung von Gesprochenem zu verstehen, ist für eine erfolgreiche Kommunikation und die soziale Kompetenz sehr entscheidend und wirkt sich später auch auf die schulischen Leistungen aus.

1.3 Kennt Auszählvers oder Kinderlied
Gedächtnis und Sprache stehen in engem Zusammenhang. Anhand der Verse und Lieder, die ein Kind kennt, kann man auch sehen, wie intensiv sich das Kind bisher mit Sprache auseinandergesetzt hat und welche Angebote es hatte.

1.4 Findet Reimpaare
Ein Kind sollte vor der Einschulung in der Lage sein ähnlich klingende Worte zu erkennen. Es sollte sich mit Freude mit Reimen auseinandersetzen und damit spielen.

1.5 Kann seinen Namen in Silben zergliedern und klatschen, findet Anlaut eines Wortes
Hier wird überprüft, ob Kinder die Fähigkeit haben, die Lautstruktur der gesprochenen Sprache zu erkennen. Hat ein Kind hierbei Schwierigkeiten, beginnen Sie, es regelmäßig seinen Namen klatschen zu lassen. Die Fähigkeit Silben, Reime oder sogar einzelne Laute (Phoneme) in Wörtern herauszuhören, nennt man phonologische Bewusstheit. Deren Bedeutung für das Schreiben- und Lesenlernen wurde in den letzten Jahren eingehend untersucht und konnte in einer Reihe von Studien nachgewiesen werden. Das Würzburger Trainingsprogramm zur Vorbereitung auf den Erwerb der Schriftsprache (Schneider, W.; Küspert, P.: Hören, lauschen, lernen, 2002) befasst sich eingehend mit dieser Tatsache. Durch gezielte Übung kann erwiesenermaßen eine Lese-Rechtschreib-Schwäche gemildert oder sogar verhindert werden. Hat ein Kind hier dauerhaft Probleme, sollte es genau beobachtet werden (Diagnostik z.B. Bielefelder Screening zur Früherkennung von Lese-Rechtschreib-Schwierigkeiten) und entweder im Kindergarten durch entsprechende Sprachspiele gefördert werden oder es werden therapeutische Maßnamen eingeleitet.

2. Farben

2.1 Sortiert Farben Rot, Gelb, Grün, Blau
Dies ist als Einstieg gedacht. Ein normal entwickeltes Kind sollte diese Zuordnung bereits mit ca. drei Jahren beherrschen. Kann es dies nicht, sollte überprüft werden, ob es andere Dinge z.B. Puppen zu Puppen und Autos zu Autos, Dreiecke zu Dreiecken und Kreise zu Kreisen zuordnen kann.

2.2 Rot, Gelb, Grün, Blau erkennen und benennen
Die Farberkennung und Benennung beherrscht ein Kind in der Regel mit fünf bis sechs Jahren. Zeigt ein Kind ansonsten gute Leistungen und beherrscht Zuordnung und Benennung anderer Gegenstände, aber nicht die der Farbe, sollte an einen Besuch beim Augenarzt gedacht werden.

3. Formen

3.1 Sortiert Formen Kreis, Dreieck, Viereck
Auch diese Fertigkeit sollte ein Kind mit drei bis vier Jahren beherrschen.

3.2 Kreis, Dreieck, Viereck erkennen und benennen
Hier wird es für einige Kinder schon schwieriger. Ein normal entwickeltes Kind wird mit den Begriffen schnell umgehen können bzw. sie schon kennen. Einige werden häufigere Wiederholungen brauchen. Es bietet sich an, die erlernten Begriffe möglichst häufig im Gruppenalltag zu benutzen.

3.3 Kreis, Dreieck, Viereck nachzeichnen
Einen Kreis kann ein Kind in der Regel mit spätestens vier Jahren nachzeichnen. Mit fünf sollte es in der Lage sein, ein Viereck und ein Dreieck nachzeichnen zu können. Häufig haben die Kinder vor allem mit dem Abzeichnen des Dreiecks Schwierigkeiten. Dies kann einerseits auf feinmotorische Schwierigkeiten, andererseits auf Probleme mit räumlicher konstruktiver Wahrnehmung hindeuten.

3.4 Einzelne Formen herausfinden und kennzeichnen
Hier geht es darum, aus einem „wirren" Untergrund die gefragte Form herauszufinden. Da der

motorische Anteil beim Kennzeichnen sehr hoch ist, sollte man Kindern, die hier Schwierigkeiten haben, die Chance geben, das passende Gegenstück einfach aufzulegen bzw. die Form mit dem Finger zu umfahren.

Mit dem FEW (Frostigs Entwicklungstest der visuellen Wahrnehmung) oder dem DTVP 2 (Developmental Test of Visual Perception) kann hier im Bedarfsfall eine genauere Abklärung stattfinden, sollte das Problem auch in Alltagssituationen und dauerhaft zu beobachten sein.

Kinder mit visuellen Wahrnehmungsstörungen oder einer Aufmerksamkeitsproblematik zeigen hier häufig Auffälligkeiten.

4. Umgang mit Schere und Papier / Feinmotorik

4.1 Begrenzungen einhalten

Ein Kind zwischen fünf und sieben Jahren sollte ohne Probleme in der Lage sein, beim Ausmalen die Begrenzungen der Kopiervorlage „Farbkasten" einzuhalten. Kann es dies nicht, beobachten Sie, ob das Kind insgesamt feinmotorisch auffällig ist. Bestätigt sich dies, ist es nicht unbedingt sinnvoll beim Malen anzusetzen, sondern auf einer Ebene (kneten, reißen usw.), auf der das Kind schon erfolgreich ist. Schwierigkeiten könnten auch auf ein Problem mit visueller oder räumlicher Wahrnehmung hindeuten.

4.2 Auf einer Linie schneiden

Mit fünf Jahren sollte ein Kind spätestens in der Lage sein, ein Blatt Papier an einer gekennzeichneten Linie durchzuschneiden. Hier werden Auge-Hand-, Hand-Hand-Koordination sowie eine gute Kraftdosierung und genaues Hinsehen gefordert.

4.3 Rundungen ausschneiden (darf noch ungenau sein)

Die Aufgabe eine Figur wie den Raben ganz sauber an der Linie auszuschneiden, muss ein Kind erst mit ca. sieben Jahren beherrschen. Mit fünf sollte es in der Lage sein, die Rundungen im Wesentlichen nachzuschneiden und nicht Flügel usw. abzuschneiden. Die Anforderungen entsprechen „schneidet auf einer Linie". Hinzu kommt das Drehen des Papiers mit der anderen Hand und somit eine verstärkte zeitlich räumliche Komponente.

4.4 Webtechnik begreifen und ausführen

Hier steht die Kraftdosierung im Vordergrund. Hinzu kommen das Einhalten von Reihenfolgen die Fingergeschicklichkeit und erhöhte Ausdauer (je nach Anzahl der Reihen, abgebildet ist eine einfachere Version, die alle Kinder bewältigen sollten).

4.5 Schuhe binden

Das ist eine komplexe feinmotorische Fertigkeit, die ein Kind ausreichend üben muss. Nach mehreren Wochen sollten allerdings alle sechsjährigen Kinder diese Fertigkeit beherrschen.

Hier wird zu allen feinmotorischen Anforderungen ein starkes Maß an Handlungsplanung und das Einhalten von Reihenfolgen gefordert.

4.6 Kügelchen aus Krepppapier herstellen

Kraftdosierung steht im Vordergrund.

4.7 Legt Haus aus Streichhölzern nach

Alle feinmotorischen Qualitäten sind gefordert. Weitere Beobachtungen sind: Wie genau hält sich das Kind an die Vorlage. Des Weiteren werden räumlich konstruktive Fähigkeiten gefordert. Hier fällt vor allem das Bauen des Daches (Dreiecks) auf.

4.8 Figuren aus Papier nachfalten

Alle Figuren sollte ein Kind nachfalten können. Hier kommt zu den feinmotorischen Anforderungen (siehe oben, schneidet auf einer Linie) noch das Merken von Arbeitsschritten (Handlungsplanung und Ausführung) hinzu.

5. Graphomotorik

5.1 Handdominanz bereits entwickelt (Schreibhand sollte festgelegt sein)

Die Handdominanz entsteht erst während der Entwicklung des Kindes. Nur bei einer kleinen Gruppe von Linkshändern scheint die Handpräferenz genetisch von vornherein festgelegt. Die Entwicklung einer Präferenz vollzieht sich langsam, ist aber für eine effektive Feinmotorik nötig. Das Kind wechselt anfangs die Hände noch häufig und spezialisiert eine Seite erst im Laufe eines langen Prozesses. Erste deutliche Handbevorzugungen zeigen sich im Alter von zwei Jahren. Dr. J. B. Sattler schreibt: „Hat sich bei einem (...) Kind etwa im Alter von vier bis fünf Jahren noch keine eindeutige Händigkeit herausgestellt, sollte unbedingt fachlicher Rat und kompetente Hilfe eingeholt werden. Denn letztendlich zu Schulbeginn muss die Schreibhand spätestens festgelegt sein." (Zur Testung der Linkshändigkeit. In: „Left Hand Corner", Nr. 2, 1998)

Die Entwicklung der Handdominanz in Bezug auf alle Tätigkeiten kann sich jedoch bis zum achten

Beobachtungsbogen

Lebensjahr hinziehen. Zur Handdominanzüberprüfung kann auch auf den standardisierten Test HDT (Hand-Dominanz-Test, sechs bis zehn Jahre) und/oder auf Beobachtungen im Alltag zurückgegriffen werden.

Im Gruppenalltag fallen Kinder mit einer nicht gefestigten Dominanz vor allem dadurch auf, dass sie den Stift beim Malen mal links und mal rechts halten oder das Essbesteck falsch benutzen. Sie sind oft feinmotorisch noch unbeholfen.

Ist die Handdominanz bei einem Kind, das zur Schule kommt, nicht dauerhaft festgelegt, können Probleme beim Schreiben entstehen.

Hier sollte ein Kind unbedingt unterstützt werden. Nicht indem man ihm eine Seitenpräferenz aufzwingt, sondern indem man ihm viele Möglichkeiten gibt sich zu erproben. D.h. ein unbedingtes Muss ist, ihm Linkshänderscheren usw. anzubieten, ihm wirklich die freie Wahl zu lassen, welche Hand es benutzen will. Das kann man z.B. dadurch erreichen, dass man Materialien in der Mitte liegend anbietet.

Die linkshändigen Kinder sollten die Schwungübungen und auch freies Malen nur mit der Linkshänderunterlage nach Sattler (s. S. 101) durchführen, um so eine verkrampfte Stifthaltung (Hakenhand) zu vermeiden. Hier können wertvolle Grundlagen gelegt werden. Hat sich ein Kind die Handhabung erst falsch angewöhnt, muss es viel Mühe und Kraft aufwenden, um diese wieder zu korrigieren.

5.2 Dreipunktgriff

Die korrekte Stifthaltung muss ein Kind erst mit fünfeinhalb bis sechs Jahren beherrschen. Die Stifthaltung mit den Fingern in verschiedenen Variationen ist von daher noch durchaus akzeptabel. Mit den Dreikantgriffhilfen lässt sich dann aber eine korrekte Stifthaltung sehr leicht einüben. Bedenklich ist ein Arbeiten im Faustgriff, diesen sollte ein Kind mit dreieinhalb Jahren überwunden haben.

Probleme bei der Stifthaltung treten aber in der Regel nicht isoliert auf, meist sind diese Kinder insgesamt feinmotorisch noch nicht so versiert.

5.3 Sitzhaltung

Die richtige Sitzhaltung wird im entsprechenden Kapitel beschrieben. Diese wird aber kaum ein Kind von sich aus einnehmen, denn im Alter von fünf bis sechs Jahren sind die Kinder noch nicht in der Lage längere Zeit ganz ruhig und aufrecht zu sitzen. Die Kinder befinden sich erst in der Einübung und sollen ein Bewusstsein für die Wichtigkeit der Körperhaltung bekommen. Beobachtet werden soll, ob ein Kind die beschriebene Haltung einnehmen und wenige Minuten halten kann: Wie sitzt das Kind beim Malen, hat es einen extremen Rundrücken und liegt mehr auf dem Tisch oder wechselt es ständig die Haltung und rutscht viel auf dem Stuhl hin und her?

5.4 Arbeitet aus dem Handgelenk und nicht aus der Schulter (muss ein Kind noch nicht mit sechs Jahren beherrschen)

Die Schreibbewegungen der Kinder sollten später aus dem Handgelenk erfolgen. Bei den großen Schwungübungen wird anfangs automatisch eine Schultermitbewegung stattfinden. Hier sollte auch nicht voreilig etwas hineininterpretiert werden. Beobachtet werden soll, ob die Kinder feine Bewegungen (die linearen sowie die Rotations-Bewegungen) aus Fingern und Handgelenk lenken oder den ganzen Schulterbereich mit einsetzen. Dazu ist häufig eine Bewusstmachung nötig, z.B. durch den Hinweis „Legt den Ellbogen auf den Tisch."

Dieser Prozess des Erlernens kann sich noch lange bis in die Schule fortsetzen. Es erleichtert aber den Kindern das Arbeiten, wenn sie gelernt haben, auf Handgelenk und Ellenbogen zu achten.

5.5 Mittellinie kreuzen, ohne zu stoppen

Hier ist zu beobachten, ob das Kind in der Mitte des Blattes innehält, stoppt und dann weiterarbeitet oder sogar den Stift in die andere Hand nimmt und weiterarbeitet.

5.6 Malen mit mittlerem Druck

Arbeitet ein Kind mit Holzstiften, kann man die Druckverhältnisse sehr leicht überprüfen. Bei zu viel Druck ist das Blatt von der anderen Seite betrachtet mit Erhöhungen versehen, bei zu wenig Druck kann man die Farbe kaum sehen. Kleine Abweichungen sind noch völlig normal.

5.7 Bewegungen der Finger sind ausdifferenziert

Die Kinder können aus der Faust heraus die Finger einzeln begleitend zum Zählen heben. Sie sind in der Lage, Fingerspiele bei Wiederholung korrekt auszuführen. Hier lohnt es sich bei Problemen genauer zu notieren, wie weit sie zählen können, ob es rechts oder links besser geht und welche Bewegungen sie imitieren können und welche nicht.

Kinder, die Probleme haben, ihre Finger differenziert zu bewegen, haben häufig nicht nur im feinmotorischen, sondern auch im sprachlichen Bereich Probleme.

Treten hier größere Probleme im Zusammenhang mit anderen fein- und grobmotorischen Schwierigkeiten oder einer Sprachproblematik auf, sollten die Eltern informiert werden.

5.8 Schwungübungen in der richtigen Reihenfolge nachfahren

Hier wird darauf geachtet, ob sich das Kind an die Aufgabenstellung halten kann. Des Weiteren ist die Reihenfolge der Schwungelemente z.B. über die Kreuzungen hinaus und zurück oder bei Schlaufen etwas, was einigen Kindern Schwierigkeiten macht. Das Einhalten von Reihenfolgen ist eine wichtige Voraussetzung, um den Zahlenraum zu verstehen. Bevor die Schwungübungen interpretiert werden, sollte aber immer gegengeprüft werden. Das können Sie hier z.B., indem Sie Kinder Perlen in einer bestimmten Reihenfolge aufstecken lassen (Musterreihe mit drei Merkmalen muss mit spätestens fünfeinhalb Jahren fortgeführt werden können). Machen Sie einfache Handlungen vor und lassen Sie sie das Kind dann genauso ausführen.

5.9 Beachtet Rechtsläufigkeit

Dies wird sich erst im Laufe der Schwungübungen festigen. Achten Sie bei der Durchführung darauf, dass die Kinder es sich richtig angewöhnen und den Sinn verstehen. Kinder mit linker Handdominanz werden hier besonders Hilfestellung benötigen, da sie gegen ihren eigenen Impuls arbeiten müssen.

5.10 Vornamen schreiben

Am Anfang des Schulvorbereitungsjahres ist es völlig in Ordnung, wenn das Kind zunächst seinen Namen abmalt. Es empfiehlt sich, jedes Arbeitsblatt von den Kindern beschriften zu lassen, sie bekommen dadurch mehr Übung auch in Bezug auf Reihenfolgen und Rechtsläufigkeit. Am Ende des Jahres sollte das Kind den Namen aus dem Gedächtnis schreiben können.

5.11 Selbstständig einen Nagel einschlagen (abhängig von der Vorerfahrung)

Hier ist es wichtig, Vorerfahrungen abzuklären. Hat ein Kind noch nie einen Nagel eingeschlagen, wird es dies nicht sofort beherrschen. Bieten Sie diesen Kindern etwa eine Woche vor der entsprechenden Einheit die Möglichkeit an, Nägel ohne Anordnung in ein Brett zu schlagen. Benutzen Sie kleine Hammer und kleine Nägel mit großen Köpfen, um die Verletzungsgefahr einzuengen. Ein normal entwickeltes Kind wird dies bei guter Motivation schnell erlernen.

Hier wird ein hohes Maß an Hand-Hand- und Auge-Hand-Koordination gefordert. Fixiert ein Kind mit den Augen nicht richtig, wird es sich oft auf die Finger schlagen oder den Nagel nicht richtig treffen. Es benötigt den feinmotorischen Pinzettengriff bzw. den Zangengriff und eine gute differenzierte Kraftdosierung.

6. Merkfähigkeit visuell / auditiv / taktil

Die Merkfähigkeit (wahrnehmen – speichern – abrufen) und Gedächtnisleistung eines Kindes stehen in engem Zusammenhang mit seiner Konzentration. Seine Aufmerksamkeit auf einen Gegenstand, eine Handlung oder einen Lerninhalt lenken zu können, hilft dem Kind, das Erfahrene im Gedächtnis abzuspeichern. Für schulische Leistungen ist ein gutes Gedächtnis erforderlich. Ab dem fünften Lebensjahr sind Kinder für Konzentrations-, Gedächtnis- und Wortspiele besonders aufnahmebereit.

6.1 Auszählvers über mehrere Tage merken (auditiv)

Kinder im Alter zwischen vier und acht Jahren beschäftigen sich intensiv mit Auszählversen und Fingerspielen. Ein fünfeinhalb Jahre altes Kind sollte in der Lage sein, sich einen neuen Vers rasch zu merken. Beim Erlernen von Versen geht es nicht nur um das genaue Hinhören, die Merkfähigkeit und die Sprachreproduktion, sondern es werden auch Reihenfolgen trainiert und die Sprechfreudigkeit angeregt. Regelmäßigkeiten der Sprache und ähnlich klingende Worte (Reime) werden spielerisch erarbeitet.

6.2 Fünf Bildkarten merken und aufzählen (visuell)

Hier wird vor allem die visuelle Merkfähigkeit beobachtet. Das klassische Memoryspiel bietet ein weiteres Beobachtungsfeld.

6.3 Fehlende Gegenstände benennen

Das Kind muss über die reine Gedächtnisleistung hinaus die Veränderung im Umfeld registrieren und benennen können.

6.4 Beim Tastmemory Paare finden (taktil, Wahrnehmung über die Haut)

Hier ist sehr schön zu sehen, wie ein Kind abtastet: Befühlt es die Kärtchen richtig oder streicht es nur kurz mit den Fingerspitzen darüber? Man kann beobachten, ob es Qualitäten wie rau, glatt, kalt oder warm benennen kann. Es gibt Kinder, die sehr auf ihre visuelle Wahrnehmung fixiert sind und die es beinahe nicht ertragen können, wenn ihnen die Augen verbunden werden, die sich scheuen ohne visuelle Kontrolle Gegenstände zu befühlen und diesen Sinneskanal nicht richtig einsetzen können. Dies tritt häufig im Verbund mit feinmotorischen Schwierigkeiten auf.

6.5 Sinnentleerte Silben nachsprechen

Die Kinder müssen bei dieser Aufgabenstellung sehr genau hinhören. Sie können sich nicht am sprachlichen Zusammenhang orientieren. Durch die fehlende Kontrolle durch die Augen können sie die Buchstaben auch nicht an den Lippen ablesen. Das ermöglicht hier gut zu sehen, wie genau ein Kind hinhört (Konzentration) und wie es um sein Hörvermögen bestellt ist. Ermuntern Sie die Eltern, ihre Kinder auf ihre auditive Wahrnehmung hin überprüfen zu lassen, wenn sie stark von der Gruppenleistung abweichen und ansonsten in der Regel gut konzentriert mitarbeiten.

6.6 Rhythmus nachklatschen

Rhythmus ist ein wichtiger Bestandteil des Sprechens, Lesens und Schreibens. Sprache hat eine festgelegte Abfolge von Lauten, Betonungen, Pausen, Dehnungen und anderer Akzentuierungen. In der Schriftsprache spiegelt sich der sprachliche Rhythmus in der Wahl der Wörter, ihrer Abfolge und durch Satzzeichen wieder. Bei Rhythmusspielen müssen Einzelheiten genau erkannt, in einer bestimmten Anordnung und zeitlichen Reihenfolge als Ganzes wiedergegeben werden. Bei Schwierigkeiten wirkt sich dies auf den Lese- und Schreiberwerb besonders belastend aus, weil dieser Lernprozess ebenfalls über das Erfassen von Einzelheiten verläuft und in einem erkannten Ganzen resultiert. Breuer/Weuffen beschäftigen sich eingehend mit der rhythmischen Differenzierung und bieten mit ihren Differenzierungsproben die Möglichkeit diese Fähigkeit bei einigen Kindern genauer zu betrachten. (Breuer/Weuffen, 2000, S. 169–170)

7. Symbole

7.1 Bedeutung von Verkehrszeichen erfassen

Die Fähigkeit sich Symbole merken zu können und das Erkennen und Zuordnen ihrer Bedeutung ist eine wichtige Grundvoraussetzung, um sich später z.B. Buchstaben, Ziffern und Zeichen merken zu können. Die Kinder sollten in der Lage sein, vier bis fünf Verkehrszeichen sicher zu erkennen.

7.2 Symbole in Handlung umsetzen

Erst durch die alltagsbezogene Handlung ist der Lernvorgang sinnvoll abgeschlossen.

8. Zahlenverständnis und Mengenverhältnisse

8.1. Reihenfolgen richtig merken (serial)

Sich Reihenfolgen richtig merken zu können ist eine wichtige Grundvoraussetzung, um den Zahlenraum zu begreifen, sie ist aber auch für alle anderen Lern- und Lebensbereiche notwendig. Ein Kind sollte mit spätestens fünfeinhalb Jahren in der Lage sein, eine Musterreihe aus drei Elementen fortzusetzen. Einen dreiteiligen Auftrag sollte ein Kind mit fünf Jahren lösen können.

Zu den serialen Leistungen (nach Affolter) gehören:
- Das Beachten der Reihenfolge bei Größenunterschieden.
- Das Aneinanderreihen von Puzzleteilen.
- Das Aneinanderreihen einzelner Handlungsschritte in Wort, Bild und Handlung.
- Das Nachvollziehen einer Musterreihe.
- Das Aneinanderreihen von Tönen zu Melodien, von Sprechlauten zu Worten, von Worten zu Sätzen, das Buchstabieren.
- Das Erzählen von Erlebnissen und Geschichten in richtiger und zeitlicher Folge.
- Das richtige Zählen.

Ein Kind, das hier Probleme hat, weiß bei gestellten Aufgaben, welche Leistung von ihm erwartet werden, kennt aber nicht den Weg zur Problemlösung.

8.2 Bis zehn sicher zählen
siehe Reihenfolgen 8.1

8.3 Sortiert zehn Größen
siehe Reihenfolgen 8.1

Dies sollte ein Kind mit spätestens sechs Jahren beherrschen. Auch diese Fähigkeit ist eine wichtige Voraussetzung, um den Zahlenraum bis zehn zu verstehen.

8.4 Simultanerfassung des Würfels und Mengenerkennung bis fünf

Hier soll das Kind die Menge auf einen Blick erkennen, es darf nicht mehr die Finger zu Hilfe nehmen zum Nachzählen. Die Zahl auf dem Würfelbild sollte es spontan benennen können.

8.5 Menge in zwei bis drei Teilmengen aufteilen
Kinder sollten in der Lage sein, eine Handvoll Bonbons gerecht zwischen zwei bis drei Kindern aufzuteilen.

8.6 Zwei Zahlen der Größe nach sortieren
Dies zu verstehen ist für die Kinder nur möglich, wenn sie die Reihenfolge und die Bedeutung der Zahlen beherrschen.

8.7 Gleichbleiben von Mengen nach Umordnung erkennen
Die Menge wird als solche erkannt und nicht nur als gleichbleibender visueller Eindruck gemerkt.

8.8 Ziffern bis zehn lesen
Die Kinder sollten in der Lage sein, die Ziffer als Symbol für eine Menge abzuspeichern. Hier handelt es sich um eine visuelle Gedächtnisleistung, die außerdem von den Kindern verlangt, zur Ziffer die dazugehörige Menge zuzuordnen.

8.9 Zu einer Ziffer die Menge legen
Hier wird nun noch zusätzlich der Schritt in die Handlung verlangt. Die Ziffer als Symbol für eine Menge wird als solche erkannt und gemerkt.

9. Grobmotorik

9.1 Gleichgewicht
Das Gleichgewicht können Sie sowohl im Alltag als auch bei den Koordinationsübungen (s. S. 17) beobachten. Bei der ersten grobmotorischen Übung, einfache Überkreuzung, sollte ein Kind dazu in der Lage sein, das Gewicht sicher auf das jeweilige Standbein zu übernehmen. Das Kind sollte bei dieser Übung nicht schwanken, umfallen oder sich anlehnen müssen. Ein Hinweis auf eine Störung könnte sein, dass das Kind eine isolierte Drehung seines Kopfes vermeidet, nicht gerne balanciert oder Höhenunterschiede meidet.

Leicht zu überprüfen ist z. B. der Einbeinstand: Mit fünf oder sechs Jahren sollte ein Kind auf dem linken bzw. rechten Bein jeweils zehn Sekunden im Einbeinstand stabil stehen können. Gleichgewicht und Tiefensensibilität sorgen bei dieser Position für einen sicheren Halt des Körpers. Da der Gleichgewichtssinn eine ganz wichtige Wahrnehmung ist, kann sich eine Störung negativ auf die Entwicklung des Kindes auswirken. Regen Sie gegebenenfalls an, die Motorik des Kindes genauer untersuchen zu lassen.

9.2 Hampelmannsprung zehnmal
Hier handelt es sich um eine komplexe, koordinierte, grobmotorische Leistung. Eine gute Motorik ist wichtig für eine gesunde Entwicklung. Der Hampelmannsprung sollte in rascher Folge ohne Pausen von den Kindern durchgeführt werden. Dies können einige Kinder auch nach langem Üben nicht bewältigen. Betrachten Sie diese Kinder genauer: Wie bewegen sie sich? Wie weit ist die Grob- und Feinmotorik, wie weit ist die Handdominanz entwickelt? Auch hier kann die Ursache für Fehler ganz unterschiedlich sein.

9.3 Flüssige Bewegungen
Gerade am Hampelmannsprung ist gut zu sehen, ob das Kind flüssige Bewegungen ausführen kann. Muss das Kind sich sehr auf die Bewegung konzentrieren oder automatisieren sich die Bewegungsmuster und werden flüssig und korrekt? Ein Kind, das in der Bewegung stockt, überlegt und weiterspringt und wieder stockt, hat diese Muster sicher noch nicht verinnerlicht.

Sprachförderung

Sprachentwicklung und -förderung

Der Ruf nach Sprachförderung im vorschulischen Bereich ist groß. Aber was ist damit gemeint? Sprache hat so viele Aspekte und bedeutet unter anderem Kommunikation, Wortschatz, Grammatik, abstraktes Denken, motorische Sprechfähigkeit, Textverständnis oder die Lautstruktur unserer Sprache.

Kindliche Sprachentwicklung

Erste sinnbezogene Wörter lernt das Kind schon im zweiten Lebensjahr zu sprechen. Akustisch-sprachliche Denkprozesse bahnen sich langsam an. Ein Kind wird ein Wort lange vorher verstehen und mit Inhalt belegen können, bevor es das Wort sprechen kann. Der Aufforderung „Gib mir den Apfel!" wird es früher nachkommen können als der Bitte, das Wort Apfel zu sprechen. Das Kind braucht in dieser Phase vor allem gute Sprachvorbilder, dann entwickelt sich die Sprachentwicklung äußerst rasant.

> Mit drei Jahren verfügt das Kind über einen Wortschatz von 250–350 Wörtern. Mit fünf Jahren verfügt es über einen Wortschatz von 2000 Wörtern.

Die wichtigste Zeit der Sprachentwicklung, das Alter zwischen zwei und drei Jahren, verbringt ein Kind noch im Elternhaus. Eltern, die mit ihren Kindern viel sprechen, ihnen vorlesen und gute Sprachvorbilder sind, tragen somit entscheidend zur zukünftigen Ausdrucksfähigkeit ihres Kindes bei. Sprachförderung sollte also eigentlich in diesem Alter ansetzen.

Bei Eintritt in den Kindergarten ist für die Sprachentwicklung vor allem der spielerische Umgang mit Sprache durch Fingerspiele, Auszählverse, Gedichte, Bilderbücher, Rollenspiele, Frage- und Antwortspiele, Endlosfragen und vieles mehr entscheidend. Hat das normal entwickelte Kind all diese Angebote, wird es täglich Wortschatz, Sprech- und Sprachfähigkeit erweitern. Sind trotzdem Störungen zu beobachten, sollte das Kind zusätzliche Förderung erhalten.

> Ein enger Zusammenhang zwischen feinmotorischer Entwicklung und Sprachentwicklung wurde beobachtet.

Im letzten Kindergartenjahr liegt der Schwerpunkt der Sprachförderung auf einer deutlichen Artikulation, der Wortschatzerweiterung, dem Sprachgebrauch und dem Erfassen der Lautstruktur der Sprache. Zur Artikulationsfähigkeit gehört in diesem Alter nicht nur eine deutliche Aussprache, sondern das Kind sollte auch in der Lage sein, ähnlich klingende Worte und Laute zu unterscheiden. Sprachgebrauch bedeutet, das Kind sollte einfache Sachverhalte und Geschichten inhaltlich erfassen und in der richtigen Reihenfolge wiedergeben können. Es sollte auch im Stillen über Sachverhalte nachdenken können. Es kann seine Gefühle, Wünsche und Bedürfnisse ausdrücken.

> Das Erkennen der Lautstruktur beinhaltet die Fähigkeit ein Wort in seine einzelnen Lautbestandteile zu zerlegen und ist eine entscheidende Voraussetzung für den Schriftspracherwerb.

~ Wie wird das Thema bearbeitet?

In allen Lerneinheiten wird dem Bereich Sprache eine große Bedeutung zugemessen. Das Kind lernt Arbeitsanweisungen zu verstehen und umzusetzen. Der Wortschatz wird erweitert und das Textverständnis anhand von kleinen Geschichten gefördert. Durch Fingerspiele und Auszählverse lernt das Kind ähnlich klingende Wörter von gleichen zu unterscheiden. Den Kindern wird dadurch ein Gefühl für Sprachrhythmus und Sprachmelodie vermittelt.

~ Welches Ziel soll erreicht werden?

Die Kinder sollen sich bei Schuleintritt deutlich artikulieren können. Sie sollen Arbeitsanweisungen verstehen und in der Lage sein diese in Handlung umzusetzen. Der Wortschatz sollte altersgemäß entwickelt sein. Die Kinder sollen ein Interesse für Buchstaben und Sprache entwickeln und damit

Sprachförderung

spielen. Die Lautstruktur unserer Sprache soll von ihnen verstanden werden. Gedanken, Gefühle und Bedürfnisse können von ihnen formuliert werden.

Wie soll die Sprachförderung durchgeführt werden?

Die Inhalte des Sprachgebrauchs werden in jeder unserer Einheiten gefördert und nicht separat bearbeitet. Die sprachlichen Schwerpunkte werden jeweils in den Lerneinheiten beschrieben.

Das Erfassen der Lautstruktur unserer Sprache sollte ein Prozess sein, der sich nach und nach im Kindergartenalltag entwickelt. Deshalb werden hier Anregungen gegeben, die sich in die tägliche Arbeit einbinden lassen und sich durch die permanente Wiederholung nachhaltiger auswirken als wenige separate Einheiten.

Farben

Die Welt ist nicht bunt angemalt

Wenn wir unsere Umwelt mit den Augen betrachten und beschreiben, so sind Farbe, Form und Größe die ersten Kriterien, die wir nennen. Das Kind benötigt eine sichere Zuordnungsfähigkeit dieser Eigenschaften, um sein Umfeld ordnen zu können und sich darin zurechtzufinden.

Die Welt in Kategorien

Erst wenn es dem Kind gelingt, seine Umwelt zu ordnen und Gleiches zu erkennen, kann es beginnen Gegenstände anhand von Eigenschaften in bestimmte Kategorien einzuordnen. Durch das Erleben seiner konkreten Erfahrung lernt es auch Vorstellungen von Gegenständen zu entwickeln. Zuordnung und Klassifizierung sind Grundlage aller höheren Denkprozesse des Kindes.

Die Welt ist nicht bunt angemalt. Dass wir in schillernden Farben sehen, ist eine Leistung unseres Gehirns unter Zuhilfenahme des Sinnessystems. Wenn für uns eine Erdbeere rot und ein Blatt grün ist, so deshalb, weil wir gelernt haben, Informationen aus einer Lichtquelle zu entziffern.

Ohne Licht können wir keine Farben sehen. Physikalisch wird Licht in Wellenlängen beschrieben. Wir können Gegenstände sehen, die entweder selbst Lichtquelle sind oder vom Licht beleuchtet werden und das empfangene Licht in alle möglichen Richtungen wieder abgeben.

Sonnenlicht ist die Kombination aller Wellenlängen zu gleichen Teilen. Regnet es, wenn die Sonne scheint, so sehen wir einen Regenbogen. Dieser entsteht, weil der Regen als Prisma wirkt und das Licht in seine einzelnen Anteile, d. h. Wellenlängen zerlegt.

Gelangt Licht auf die Netzhaut, dann beginnt das Sehen. Stark vereinfacht hat das menschliche Auge für das Farbsehen drei Arten von Zapfen als Rezeptoren. Von diesen Zapfen ist jeweils eine Art für eine spezielle Wellenlänge des Lichtes am empfindsamsten. Diese sind für das Erkennen der Farben Rot, Grün, Blau verantwortlich. Alle anderen Farben ergeben sich aus Kombination dieser Primärfarben.

Farbenblinden fehlen eine oder mehrere dieser drei Arten von Rezeptorzellen. Farbenblindheit tritt deshalb paarweise auf, weil das Farbsystem zusätzlich auf Gegensatzpaare aufgebaut ist. Die Zapfen senden elektrische Impulse an das Sehzentrum im Gehirn. Dort erst werden Inhalt und Bedeutung der Sehempfindung erkannt und verarbeitet.

Wie entwickelt sich die Farberkennung?

Klare Grundfarben werden als Erstes erkannt. Schon mit einem Monat folgt ein Kind mit den Augen einem roten Gegenstand, der in 30 cm Entfernung hin und her bewegt wird. Mit drei Jahren sollte ein Kind in der Lage sein die Farben Rot, Grün, Gelb, Blau einander zuzuordnen. Mit fünf Jahren kann ein Kind dann diese Farben zu benennen.

Wie wird das Thema erarbeitet?

Begonnen wird mit der Zuordnung der Farben Rot, Grün, Blau und Gelb. Die Themen Grundfarben, Mischfarben sowie Farbe und Licht werden sprachlich eingeführt.

In der aktiven Bearbeitung mischen die Kinder Farben und malen einen Farbkasten, Regenbogen und Farbkreis aus.

Mit einem Fingerspiel, Farbenlied sowie einem Ratespiel wird das Thema sprachlich vertieft. Beim Ampelspiel lernen die Kinder die Signalwirkung von Farben kennen.

Welches Ziel soll erreicht werden?

Die Kinder sollen die Farben Rot, Gelb, Blau, Grün sicher erkennen und benennen können.

Wie sollen die Einheiten durchgeführt werden?

Die erste Einheit sollte als Einführung am Beginn stehen. Die anderen Einheiten können in der vorgegebenen Reihenfolge durchgeführt werden, es ist aber nicht unbedingt erforderlich.

Formen: Alles rund?

Dass wir Formen erkennen, sie uns merken und zuordnen können, ist eine wichtige Fähigkeit des Gehirns. Die Formkonstanz beginnt sich beim Kind mit eineinhalb Jahren zu entwickeln. Eine Besonderheit ist, dass wir einfache, symmetrische und regelmäßige Formen leichter und genauer wahrnehmen als unregelmäßige. Man erinnert sich auch besser an sie und kann sie besser beschreiben.

Formerkennung ist wichtig

Die Kinder sollten vor dem Schulbesuch mühelos in der Lage sein, Grundformen wie Kreis, Dreieck und Viereck zu erkennen und sprachlich zu benennen. Schauen wir uns die Formerkennung genauer an, so wird deutlich, welche grundlegende Bedeutung sie für den Schriftspracherwerb hat.

Wahrnehmungskonstanz und Formkonstanz

Durch die Wahrnehmungskonstanz sind wir in der Lage, die Eigenschaften eines Gegenstandes wie seine Form, Lage oder Größe wahrzunehmen, auch wenn er unterschiedliche Bilder auf der Netzhaut erzeugt. Ein Geldstück bleibt ein Kreis, egal von welcher Seite wir es betrachten, ob es silbern oder kupfern ist. Diese Fähigkeit wird beim Leseerwerb enorm wichtig. Egal wie groß oder klein ein Buchstabe geschrieben wird, und ob er handschriftlich oder gedruckt dargeboten wird, er bleibt immer gleich und muss als derselbe Buchstabe erkannt werden.

Räumliche Beziehungen

Die Wahrnehmung der räumlichen Beziehungen ist die Fähigkeit, die Lage von zwei oder mehreren Gegenständen im Bezug aufeinander und auf sich selbst wahrzunehmen. Dazu gehört auch das Erfassen einer Form und wie diese Form im Raum liegt. Um ein Dreieck zu zeichnen, muss ein Kind die Linien in einen räumlichen Bezug zueinander stellen.

Figur-Grund-Wahrnehmung

Bei der visuellen Figur-Grund-Wahrnehmung geht es um die Fähigkeit, eine Figur aus einem Hintergrund abzugrenzen, auszuwählen und abzuheben.

Wie wird das Thema erarbeitet?

Die Kinder lernen zunächst den Begriff Form kennen. Danach werden die Formen Kreis, Dreieck, Quadrat und Rechteck sprachlich erarbeitet. In der aktiven Bearbeitung ertasten die Kinder, bilden mit ihrem Körper Formen nach und suchen im Umfeld vorhandene Formen heraus. Sie schneiden Formen aus und fügen sie zu einem Bild zusammen. Mit einem Fingerspiel werden die Begriffe (Kreis, Dreieck, Viereck) vertieft. Den Kindern werden Formen in unterschiedlicher Größe dargeboten. Auf einer Kopiervorlage müssen die Kinder aus allen gelernten Formen jeweils eine heraussuchen und kennzeichnen. Zum Abschluss zeichnen die Kinder die Formen ab.

Welches Ziel soll erreicht werden?

Die Kinder sollen Formen erkennen, zuordnen und benennen können. Sie sollen in der Lage sein, egal wie eine dieser Formen dargeboten wird, diese aus einem wirren Untergrund und unabhängig von ihrer Größe und ihrer Lage im Raum sicher zu erkennen. Diese Wahrnehmungskonstanz ist eine wichtige Voraussetzung für schulische Leistungen.

Wie müssen die Einheiten durchgeführt werden?

Es ist sinnvoll, die Einheiten in der vorgeschlagenen Reihenfolge durchzuführen, aber nicht unbedingt erforderlich. Hier kann auch ergänzt und umgestaltet werden. Eine gründliche Einführung ins Thema steht jedoch selbstredend an erster Stelle. Denkbar wäre als Einstieg, viele Formen aus Tonpapier auszuschneiden und diese von den Kindern sortieren zu lassen (auch geeignet für Kinder, die mit diesem Thema Schwierigkeiten haben), um die Aufmerksamkeit der Kinder auf diese Formen zu lenken.

Feinmotorik

Die Entwicklung der Feinmotorik

Neugeborene greifen aufgrund eines Reflexes und schließen die Hand, sobald sie eine Berührung spüren. Bewusstes Greifen müssen Kinder erst erlernen.

Greifen erfordert Koordination

Wenn Sie einem Neugeborenen Ihren Finger in seine Handfläche legen, wird es diesen mit seiner Hand umschließen. Dabei handelt es sich um einen Reflex, da das Kind noch nicht in der Lage ist, selbst nach etwas zu greifen. Mit ca. vier Monaten beginnt das Kind mit seinen Händen zu spielen. Es betrachtet diese, führt sie in der Körpermitte zusammen oder zum Mund.

Das Zusammenspiel von Augen und Händen ist von Anfang an bedeutend für die Entwicklung der Handfunktionen. Nur beim blinden Kind übernimmt der Tastsinn die Führung. Schließlich ist es nun in der Lage nach Gegenständen zu greifen und diese zu bewegen. Durch sein Handeln überwindet es den Greifreflex, die Öffnung der sensiblen Handflächen ermöglichen dem Kind seine Umwelt zu ertasten. Mit einem Jahr sind die Handbewegungen schon so geschickt, dass es nach kleinen Gegenständen wie Perlen oder Rosinen greifen kann. Dazu benutzt es den Pinzettengriff.

Mit zwei Jahren kann es selbstständig mit dem Löffel essen. Ist das Kind vier Jahre alt, hat es eine Vielzahl von Fertigkeiten entwickelt. Es kann sich alleine anziehen und Verschlüsse an seiner Kleidung schließen, Dosen auf- und zuschrauben, den Stift mit den Fingern halten, Türme aus Bauklötzen bauen, mit der Schere schneiden und vieles mehr.

Die Kinder üben nun unermüdlich und lernen bis zur Einschulung die gesamte „Handhabung" ihres direkten Umfeldes. Sie sind stolz darauf, wenn ihnen wieder etwas Neues gelingt und streben nach Selbstständigkeit. Bis zur Einschulung ist die Bevorzugung einer Hand weitgehend gefestigt.

> Das normal entwickelte Kind verfügt bis zur Einschulung über eine gute Augen-Hand-Koordination.

Die frühzeitige intensive Beschäftigung mit den Fingern und Füßen beschleunigt die Hirnreifung des Kindes. So wirken sich Fingerspiele, Massagen und ein anregendes Umfeld positiv auf die Entwicklung des Säuglings aus.

Eine gut entwickelte Feinmotorik lässt das Kind nicht nur über eine so genannte praktische Intelligenz verfügen, sondern es besteht auch ein enger Zusammenhang zur Sprachentwicklung. Sie können selbst testen, dass die Bewegung der Finger zur unmittelbaren An- und Entspannung der Mund- und Zungenmuskulatur führt, indem Sie einen Daumen fest auf eine harte Unterlage pressen. So findet die differenzierte Entwicklung von Zunge und Händen nicht nur im selben Schwangerschaftsabschnitt statt, sondern die Bereiche werden im Gehirn nebeneinander repräsentiert und benötigen dort aufgrund ihrer vielfältigen Aufgaben sehr viel Raum.

Wie wird das Thema bearbeitet?

Die feinmotorische Geschicklichkeit wird anhand verschiedener Techniken bearbeitet. Zunächst wird mit formbarem Material gearbeitet. Mit der Knülltechnik und der Reißtechnik wird die Bewegungsgeschicklichkeit verfeinert. Beim Umgang mit der Schere lernen die Kinder Rundungen auszuschneiden. Die Falttechnik erfordert von den Kindern präzise und nach Anleitung zu arbeiten. Um dem engen Zusammenhang von Feinmotorik und Sprache gerecht zu werden, finden sich in diesem Kapitel vermehrt kleine Geschichten, Verse und Fingerspiele.

Welches Ziel soll erreicht werden?

Die feinmotorische Geschicklichkeit der Kinder sollte so weit entwickelt sein, dass der Übergang zur Schreibmotorik störungsfrei erfolgen kann.

Wie müssen die Einheiten durchgeführt werden?

Der Schwierigkeitsgrad wird von Einheit zu Einheit gesteigert. Deshalb ist es sinnvoll, die vorgegebene Reihenfolge einzuhalten. Natürlich können Sie auch nur Bausteine verwenden, wenn einzelne Techniken in ihren Gruppen bereits ausreichend Anwendung gefunden haben.

Was bedeutet Graphomotorik?

Graphomotorik ist die motorische Voraussetzung zur Entwicklung der Schreibfähigkeit. Der Schreibvorgang ist eine feinmotorische Höchstleistung. Es handelt sich um ein präzises Zusammenspiel verschiedener Sinneswahrnehmungen und einer differenzierten, koordinierten, motorischen Ausführung.

Malentwicklung und Graphomotorik

Der Entwicklungsstand des Kindes beim Malen hängt von der Entwicklung der Handfunktionen ab. So bestimmen die Grifffunktionen die Möglichkeit des Kindes großflächig oder genau zu malen. Mit 18 Monaten beginnt das Kind mit ersten Kritzeleien im Faustgriff, daraus entstehen rasch kreisende Linien. Mit zwei bis drei Jahren werden aus diesen kreisenden Linien Spiralen und Schlangen, das Kind beginnt Linien und Punkte zu malen. Mit drei bis vier Jahren benutzt das Kind häufig den Spitzgriff, es kann nun Kreise und Kreuzungen malen. Erstes gegenständliches Malen entsteht. Mit vier bis fünf Jahren kann das Kind nun einen Kopffüßler malen, es ist in der Lage einen relativ sicheren und raschen Richtungswechsel bei der Stiftführung durchzuführen und malt Flächen aus. Der Stift wird bevorzugt von einer Hand gehalten und das Kind beginnt Dinge im Raum zu ordnen.

> Die graphomotorische Reife wird zwischen dem fünften und siebten Lebensjahr erreicht.

Das Kind ist ab etwa fünf Jahren in der Lage, Figuren und Gegenstände zu malen, diese sinnvoll auf dem Papier anzuordnen und Formen abzuzeichnen. Es befasst sich intensiv mit dem Erfassen von verschiedenen Formen, kann aber bei abstrakten Gebilden deren Lage im Raum noch nicht richtig einschätzen. So kann es zwar oft schon seinen Namen schreiben, verdreht aber noch teilweise Buchstaben.

Das Kind beginnt eine korrekte Stifthaltung zu entwickeln. Durch den Dreipunktgriff werden die feinen Fingergelenksbewegungen möglich. Die Hand kann auf der Unterlage abgelegt werden und durch die feinen differenzierten Bewegungen ist es nun in der Lage, präzise und im kleinen Radius zu malen

(nach: Steding-Albrecht, U.: Das Bobath-Konzept im Alltag des Kindes, 2002).

Wie wird das Thema bearbeitet?

Mit den Kindern werden die Kerninhalte wie Sitzhaltung, Stifthaltung, Rechtsläufigkeit und Bewegungsfluss erarbeitet. Anhand von Schwungübungen werden diese Kerninhalte in die Praxis umgesetzt. In einer Malgeschichte werden alle Schreibelemente wiederholt. Dabei müssen die Kinder ihre Vorstellungen von den Elementen auf die zweidimensionale Ebene übertragen. Es wird eine Vielzahl an Spielen zur feinmotorischen Geschicklichkeit angeboten.

Welches Ziel soll erreicht werden?

Das Kind soll am Ende der Schwungübungen, über die motorischen Voraussetzungen zum Erwerb der Schriftsprache verfügen. Es soll von vornherein ein Bewusstsein für den Zusammenhang von Körperhaltung, Stifthaltung und Bewegungsfluss entwickeln. Eine gut entwickelte Graphomotorik ermöglicht es dem Kind sich schneller und sicherer auf den Inhalt des Geschriebenen zu konzentrieren.

Wie müssen die Einheiten durchgeführt werden?

Es ist sinnvoll die Schwungübungen in der vorgegebenen Reihenfolge durchzuführen. Wollen Sie die Reihenfolge verändern, sollten Sie jedoch die Kerninhalte in folgender Reihenfolge erarbeiten:
1. Körperhaltung
2. Stifthaltung
3. Schreibhilfen
4. Rechtsläufigkeit
5. Bewegungsfluss
6. Sorgfalt in der Ausführung

Merkfähigkeit

Gedächtnis und Ordnung

Mit unserem Gehirn ist es ähnlich wie mit einem Kleiderschrank. Alles, was wir uns irgendwann merken bzw. kaufen, landet darin. Entscheidend dafür, wie schnell und in welchen Zustand wir unsere Kleidung finden, ist, wie wir den Schrank einräumen.

Kinder lernen sortieren

Sind wir schon beim Einkaufen der Kleidung unaufmerksam, wahllos und zufällig, sortieren Unnötiges nie aus und stopfen es einfach zusammengeknüllt in den Schrank, wird es schwer werden sich darin zurechtzufinden.

Wählen wir jedoch schon beim Kauf bewusst aus, achten auf Passform, Qualität und erwerben zunächst eine Basisgarderobe bevor wir das Cocktailkleid kaufen? Sortieren im Kleiderschrank die Kleidung nach Art, Farbe oder Anlass? Legen wir häufig benutze Wäsche nach vorn und die andere weiter nach hinten? Achten wir darauf, dass empfindliche Kleidung sorgfältig aufbewahrt und Unnötiges aussortiert wird? Wenn all diese Bedingungen erfüllt sind, werden wir rasch und stetig das Passende zu jedem Anlass bereithaben. Wir müssen den Schrank nur noch benutzen, überprüfen und aktualisieren.

Ein Kindergartenkind ist noch überwiegend mit dem Einräumen beschäftigt. Die meisten Aktivitäten in den ersten sieben Lebensjahren sind Teil eines einzigen Prozesses: Der Prozess der Organisation, der Einordnung von Empfindungen und Eindrücken im gesamten Nervensystem.

> Das Kind lernt seine Aufmerksamkeit auf bestimmte Dinge zu richten und andere Dinge zu ignorieren (Ayres, J.: Bausteine der kindlichen Entwicklung, 2002).

So wird das Kind – um im Bild zu bleiben – zunächst Socken zu Socken legen können. Später kann es einfache Kleider-Kombinationen zusammenstellen, die vielleicht farblich nicht zusammenpassen, aber es komplett bekleiden. Aus Erfahrung lernt das Kind und erinnert sich, zu welcher Hose welches T-Shirt am besten passt. Verknüpfungen sind geschaffen und ermöglichen eine schnelle Informationsverarbeitung. Sich etwas zu merken ergibt vor allem dann Sinn, wenn wir in der Lage sind das Behaltene abzurufen, wann immer wir es benötigen. Dazu reicht es manchmal sich etwas kurzfristig zu merken, bedeutsame Informationen müssen langfristig abgespeichert werden.

Für den Erwerb der Kulturtechniken benötigt das Kind zwei Gedächtnisarten, das Kurzzeitgedächtnis und das Langzeitgedächtnis. So muss die Laut-Buchstaben-Zuordnung dauerhaft gespeichert und automatisiert werden. Beim Lesen eines Wortes muss sich das Kind die bereits entschlüsselten Buchstaben kurzfristig merken, um das Wort als Ganzes zu erfassen.

Wie wird das Thema erarbeitet?

Die Kinder lernen ihre Aufmerksamkeit zunächst auf einen bestimmten Sinneskanal zu lenken und dadurch diese zu zentrieren. Nachdem die Aufmerksamkeit auf einen Gegenstand gelenkt wurde, lernen sie sich diesen einzuprägen und wieder abzurufen. Durch das Erschließen von Eigenschaften der Materialien, lernen sie Sinnzusammenhänge zu erkennen und Verknüpfungen zu bilden. Die Kinder stellen selbst ein Tastspiel her und spielen danach mit diesem. Ein besonderes Augenmerk wird nun auf den Auszählvers gelegt. Beobachtet werden soll, ob das Kind sich Inhalt und Vers merken kann. Bei der visuellen Merkfähigkeit werden Merkstrategien besprochen.

Welches Ziel soll erreicht werden?

Die Kinder sollen ein Bewusstsein für ihr Gedächtnis erlangen. Der enge Zusammenhang zwischen Merkfähigkeit und Konzentration soll ihnen bewusst werden. Sie sollen lernen, dass der Gebrauch unseres Gedächtnisses im Einprägen, Behalten und Abrufen liegt.

Wie müssen die Einheiten durchgeführt werden?

Sie können diese Einheiten in beliebiger Reihenfolge durchführen und erweitern.

Symbolverständnis

Handlung und Symbol

Auch wenn ein Kind nicht lesen kann, werden sie ihm schwerlich eine andere Nussnougatcreme auftischen können, wenn es Nutella möchte. Es wird außerdem zielsicher unterscheiden können, auf welche Imbiss-Kette Sie zusteuern.

Kinder kennen Symbole

Das Kind hat bestimmte Bilder abgespeichert und ist in der Lage sie rasch abzurufen und mit Bedeutung zu füllen. Es weiß blitzartig, welcher Hamburger ihm wo besser schmeckt.

Auch die Welt von Erwachsenen ist trotz Schriftsprache von direkten Symbolen geprägt. Allem voran wird damit der Straßenverkehr geregelt. Das rasche Erkennen des Verkehrszeichens und dessen Bedeutung mit seinen Handlungsfolgen wird hier für den Erwachsenen lebenswichtig.

> Buchstaben sind Symbole für Laute und Ziffern für die Größe einer Menge.

Die deutsche Schriftsprache ist überwiegend lautgetreu. Das bedeutet das Wort wird in der Regel so geschrieben wie gesprochen. Das rasche Abrufen und Aneinanderreihen der Symbole ist entscheidend für den Leseerfolg. Dabei muss das Kind eine Verbindung von Laut und Zeichen herstellen. Dies muss nach einer gewissen Übungsphase rasch und automatisch erfolgen, damit das Kind sich auf den Inhalt konzentrieren kann.

Buchstaben und Ziffern sind abstrakter als Verkehrszeichen und bedürfen einer guten visuellen Wahrnehmung. Dazu gehören die Figur-Grund-Wahrnehmung, das Erkennen der Formkonstanz, der Lage im Raum und der räumlichen Beziehungen. Für den anstehenden Schulbesuch bedeutet dies konkret, dass das Kind in der Lage sein muss, den Buchstaben vom Untergrund abzuheben. Es muss den Buchstaben als Symbol für einen Laut immer als denselben erkennen, egal in welcher Größe und Schriftform er dargeboten wird. Erschwerend kommt hinzu, dass Buchstaben oder Ziffern sich oft nur durch ihre Lage im Raum oder durch die Beziehungen der Linien und Bögen zueinander unterscheiden. Ein Beispiel hierfür sind die Ziffern 6 und 9 oder die Buchstaben b und p. Die Anforderungen sind hier vielfältig und anspruchsvoll.

> Das Arbeiten mit abstrakten Symbolen ist für die Kinder noch neu und schwierig.

~ Wie wird das Thema erarbeitet?

Mit den Kindern wird sprachlich erarbeitet, dass Erwachsene auch Regeln brauchen. Gesetzmäßigkeiten werden besprochen. Begrifflichkeiten erklärt. Danach werden Verkehrszeichen aus dem direkten Umfeld der Kinder besprochen und einander zugeordnet. In der zweiten Stufe suchen die Kinder in ihrem realen Umfeld die Verkehrszeichen und verhalten sich entsprechend.

~ Welches Ziel soll erreicht werden?

Die Kinder sollen die Bedeutung und Wichtigkeit von Symbolen erkennen. Sie sollen in der Lage sein alle Verkehrszeichen ihres direkten Umfeldes richtig zu interpretieren. Sie sollen verstehen, dass Regeln wichtig sind und die Welt der Erwachsenen auch voller Regeln und Regelmäßigkeiten sein muss, um Chaos zu verhindern.

~ Wie müssen die Einheiten durchgeführt werden?

Da es sich bei den Einheiten um eine Einführung und zwei Vertiefungsteile handelt, sollten sie in der vorgegebenen Reihenfolge durchgeführt werden. Ergänzungen sind sinnvoll. Verfügen Sie über Raum und Material wären Fahrzeugparcours mit Verkehrszeichen eine optimale Steigerung der Vertiefungsphase. Ideal wäre auch, wenn Sie Umhängeschilder mit Verkehrszeichen auf möglichst viele Spaziergänge mitnehmen könnten, um den Inhalt immer wieder zu festigen.

Viel Spaß macht es den Kindern auch, eigene Symbole für die unterschiedlichsten Gegenstände und Handlungen zu erfinden. Setzen Sie die Ideen spielerisch um. Es eignen sich auch Gebärden, Gesten oder akustische Signale als Symbole.

Zahlenverständnis

Was hat Ballspielen mit Mathematik zu tun?

Mathematik beginnt nicht mit dem Erlernen der Ziffern in der ersten Grundschulklasse. Das Verstehen mathematischer Prozesse wird ermöglicht durch eine Vielzahl von Entwicklungsschritten, die ein Kind zuvor durchlaufen haben muss. Um den Zahlenraum zu begreifen, benötigt ein Kind ein gefestigtes Verständnis von Größenverhältnissen, Reihenfolgen, räumlichen Beziehungen und dem Aufbau des Zahlensystems. Es muss in der Lage sein, vorausschauend zu handeln und zu denken.

Mehr als nur Zahlen

Die aktuelle Gehirnforschung hat nachgewiesen, dass die komplexe Fähigkeit des Rechnens nicht von einem besonderen Teil des Gehirns bewerkstelligt wird, sondern von unterschiedlichen, vernetzten Regionen. Mathematische Prozesse werden von den Gehirnzentren für Sprache, räumliche und zeitliche Wahrnehmungen bearbeitet. Erfolgreiche mathematische Operationen gelingen dann, wenn diese Bereiche entsprechend entwickelt wurden.

Die Dimensionen des Raumes erfährt ein Kind dadurch, dass es sich bewegt und sich aktiv mit seiner Umwelt auseinandersetzt. Das Kind entwickelt eine Vorstellung von sich und seinem Körper, eine Vorstellung von sich im Raum und von Objekten im Raum zueinander.

> Wenn unsere Kinder spielen, legen sie durch Hüpfen, Klatschen, Werfen, Bauen, Konstruieren, Zuordnen und Vergleichen eine solide Grundlage, um gute Mathematiker zu werden. Die intellektuelle Begabung eines Kindes ist jedoch wie immer die Voraussetzung für alle höheren Denkleistungen.

Bewegung und Zeit sind fest miteinander verbunden. Die Fähigkeit, Zeit bewusst wahrzunehmen, entwickelt sich relativ spät. Zur Zeitwahrnehmung gehören Rhythmus, Tempo, Dauer und Reihenfolge. Sprache benötigt ein Kind nicht nur zur Kommunikation, sondern sie ermöglicht ihm auch vorausschauendes Denken und Planen, beides Voraussetzungen für mathematische Operationen.

Für das Zahlenverständnis ist die Erarbeitung der räumlichen Begriffe wie kurz, lang, oben, unten usw. von großer Bedeutung.

Durch Handlung erleben die Kinder den Zahlenraum und verinnerlichen so die Grundprinzipien der Mathematik. Den kleinen Zahlenraum können die Kinder an ihrem eigenen Körper entdecken und damit spielen. Anhand von konkreten Operationen bauen sie sich ein Verständnis auf, welches die Grundlage bildet für abstrakte intelligente Problemlösungen. Strecken die Kinder beide Hände vor, so sehen sie zehn Finger, nehmen sie eine Hand weg, bleiben noch fünf.

Kann das Kind all diese Grundlagen sprachlich ausdrücken und in visuelle Symbole (Ziffern) übertragen, kann es sagen, welche Zahl von zwei genannten größer ist, dann ist es optimal auf schulisches Rechnen vorbereitet.

> Detailreiche Raumwahrnehmung, Sprache und Sprechvermögen sowie kognitives Denken sind mit die umfassendsten Funktionen des Gehirns.
> Sie erfordern sehr exaktes Agieren der beiden Hirnhälften (Ayres, J.: Bausteine der kindlichen Entwicklung, 2002).

Um in der Lage zu sein, den Zahlenraum zu begreifen, muss das Kind somit schon etliche Entwicklungsschritte erfolgreich durchlaufen haben.

Wie wird das Thema erarbeitet?

Sprache und Tun werden in allen Einheiten verknüpft. Zunächst werden räumliche Begriffe durch körperliche Erfahrung entwickelt. Der Mengenbegriff wird anhand von Gegenständen und einem Bewegungsspiel erarbeitet. In der nächsten Einheit wird die Mächtigkeit von Mengen mithilfe eines Bauernhofspiels verglichen. Eine Zahlentreppe wird zunächst als Hüpfspiel angeboten, später arbeiten die Kinder am Tisch damit. Würfelbilder werden der Treppe zugeordnet. Handlungsfolgen werden mit einem Klatschspiel sowie Reihenfolgen mit einem Zahlenrennen geübt.

～ Welches Ziel soll erreicht werden?

Die Kinder sollen eine Vorstellung von Mengen entwickeln. Sie sollen in der Lage sein, diese hinsichtlich ihrer Mächtigkeit zu vergleichen. Die Kinder sollen bis zehn zählen und sagen können, welche von zwei genannten Zahlen größer, welche kleiner ist. Mit Begriffen zur Lage im Raum sollen sie sicher umgehen können.

～ Wie müssen die Einheiten durchgeführt werden?

Die Einheiten bauen aufeinander auf. Es wäre also sinnvoll, diese in der vorgegebenen Reihenfolge durchzuführen. Ergänzungen oder eigene Ideen können jederzeit eingebaut werden.

Förderideen Sprachförderung
Merkzettel

Das Erkennen der Lautstruktur von Sprache gilt als wichtigste Voraussetzung für den Schriftspracherwerb. Dieser Bereich wird hier mit Lauschspielen, Spielen mit Reimpaaren, Silbentrennen und Anlauten erarbeitet.

Haben einzelne Kinder dauerhaft Schwierigkeiten bei diesen Spielen, sollten Sie dies nicht auf die leichte Schulter nehmen. Es besteht ein erhebliches Risiko, dass diese Kinder beim Lese- und Rechtschreiberwerb scheitern. Sorgen Sie dafür, dass die Defizite der Kinder mit Testverfahren abgeklärt werden. Ihnen kann in Frühförderstellen mit Ergotherapie oder Logopädie erheblich geholfen werden und zwar bevor Probleme entstehen und ein Kind frustriert wird.

Das Kind befindet sich noch in der sensitiven Phase für diesen Lernbereich und es sollte ihm rechtzeitig geholfen werden.

Haben gleich mehrere Kinder ihrer Gruppe dauerhaft Schwierigkeiten, sollten Sie den Schwerpunkt Ihrer Förderung auf den Bereich Sprache verlagern. Es stehen Ihnen eine Vielzahl von Föderansätzen zur Verfügung (z.B. Fischer, G.; Langner, C.; Schlieter, U.; Sinn, S.: Spielerische Sprachförderung, Ernst Klett Verlag, 2004).

Für den Bereich der Lautstruktur eignet sich das Würzburger Modell besonders gut.

Förderideen Sprachförderung

Zuhören

50–60 Min.

Was wird gefördert?
Die Kinder lernen beim Geräuscheraten und bei der Rappelkiste genau zuzuhören. Beim Reimpaarezaubern lernen die Kinder, dass ähnlich klingende Worte nicht dasselbe bedeuten, obwohl sie sich lediglich in einem oder zwei Lauten unterscheiden.

Was wird benötigt?

Geräusche raten
- Schere und Papier
- Fahrradklingel
- Schlüsselbund
- 2 Becher (einer davon mit Wasser gefüllt)
- mehrere Geldmünzen oder andere Alltagsgegenstände, mit denen Sie Geräusche erzeugen können

Rappelkiste
- Alltagsgegenstände, mit denen Sie Geräusche erzeugen können
- ein großer Karton

Reimpaare zaubern
- Bildkarten mit Reimpaaren
- ein Tuch
- eine Schachtel

So wird es vorbereitet

Geräusche raten (5 Minuten)
Material wird in einer Kiste bereitgestellt. Sorgen Sie für einen reizarmen Raum mit viel Bodenfreiheit.

Rappelkiste (5 Minuten)
Sorgen Sie auch hier für einen reizarmen Raum mit viel Bodenfreiheit. Ein Karton, der groß genug ist, sodass ein Kind und das Material zur Geräuscherzeugung hineinpassen, wird in die Mitte des Raumes gestellt.

Auszählverse
Keine Vorbereitung nötig.

Reimpaare zaubern (10 Minuten)
Kopieren Sie die Reimpaarkarten, kleben Sie diese auf Tonpapier und schneiden Sie diese aus.

Jetzt geht's los

Geräusche raten
Die Kinder legen sich alle in einer Reihe in Bauchlage auf den Boden. Nehmen Sie einen der aufgeführten Gegenstände und erzeugen Sie damit ein Geräusch. Die Kinder dürfen nun nacheinander sagen, was sie gehört haben. Wiederholen Sie das Geräusch und lösen Sie das Rätsel auf. Sie können auch immer ein Kind auswählen, das ein Geräusch erzeugen darf.

Rappelkiste
Ein Kind kriecht in die Kiste. Es überlegt sich ein Geräusch und schließt den Deckel. Das Kind ruft laut: „Ene mene Miste, was rappelt in der Kiste?" Im Anschluss daran erzeugt das Kind sein Geräusch. Das Kind, das das Geräusch zuerst erraten hat, darf als Nächstes in die Kiste kriechen.

Auszählverse
Setzen Sie Auszählverse so häufig wie möglich ein (Beispiele s. S. 85, 147).

Reimpaare zaubern
In die Schachtel wird von den Reimpaaren jeweils eine Karte gelegt. Die anderen werden auf dem Tisch verteilt.
Die Kinder dürfen abwechselnd eine Karte aus der zugedeckten Schachtel nehmen. Zieht ein Kind die Karte mit der Kuh, spricht es: „Hokuspokus, Zauberei, aus Kuh wird ..." Das Kind sollte selbstständig das Reimwort ansetzen. Also z.B. aus Kuh wird Schuh. Danach kommt das nächste Kind an die Reihe.
Variation:
Auf den Tisch werden keine Karten gelegt, sodass das Kind ohne visuelle Hilfe einen Reim finden muss.

Förderideen Sprachförderung

Förderideen Sprachförderung

Förderideen Sprachförderung

Silben trennen

Was wird gefördert?

Die Kinder zerlegen beim Namenklatschen die Wörter in kleinere Einheiten und bekommen somit einen ersten Einblick in die Struktur der Sprache. Auch bei Obstsalat und Gemüsesuppe werden die Wörter in Silben zerlegt. Die Kinder erleben, dass es Wörter mit mehr und mit weniger Silben gibt. Zu einem Oberbegriff werden viele Wörter gesucht. Sprache und Motorik werden durch das Klatschen verbunden.

So wird es vorbereitet

Eine Vorbereitung ist nicht nötig. Namenklatschen eignet sich gut, um einen Sitzkreis aufzulösen. Für Obstsalat und Gemüsesuppe benötigen Sie lediglich etwas Platz.

Jetzt geht's los

Namen klatschen

Zerlegen Sie den Namen eines Kindes in Silben. Sprechen und klatschen Sie ihn dem Kind vor. Das Kind versucht es nachzumachen.
Dies wird einigen Kindern am Anfang noch Mühe bereiten. Je häufiger Sie das Spiel wiederholen, desto besser wird die Umsetzung durch die Kinder. Wiederholen Sie das Spiel so oft, bis alle Kinder es beherrschen.

Obstsalat und Gemüsesuppe

Die Kinder stellen sich in einer Linie vor einer gegenüberliegenden Wand auf. Ein Kind nennt eine Frucht. Es zerlegt zum Beispiel das Wort Bir – ne in seine Silben und klatscht für jede Silbe einmal. Daraufhin darf es so viele Schritte, wie es Silben geklatscht hat, nach vorne gehen. Nun kommt das nächste Kind an die Reihe. Das Kind, das als Erstes die Wand erreicht hat, hat entweder gewonnen oder darf den nächsten Oberbegriff nennen. So kann eine Vielzahl von Oberbegriffen erarbeitet werden, was der Wortschatzerweiterung dient. Spielen Sie das Spiel so oft, bis die Kinder in der Lage sind, problemlos neue Worte in Silben zu gliedern.

Spiele mit Anlauten und Buchstaben

10 Min.

Was wird gefördert?

Die Kinder lernen nun den ersten Laut im Wort zu erkennen. Diese Herangehensweise ist für die Kinder absolutes Neuland und wird einigen Kindern zunächst schwer fallen. Sprechen Sie Buchstaben lautgetreu also „l" statt „el".
Beim Namenbuchstabieren sollen die Kinder ihre Namen in die einzelnen Laute zerlegen. Dies stellt eine weitere Schwierigkeitsstufe dar.

So wird es vorbereitet

Keine Vorbereitung nötig.

Jetzt geht's los

Namen mit Anlaut nennen

Dieses Spiel eignet sich, um einen Sitzkreis aufzulösen, und kann somit regelmäßig durchgeführt werden. Sagen Sie: „Alle Kinder, deren Namen mit S anfangen, dürfen nun aufstehen. Also SSSS wie SSSSusi." Unterstützen Sie anfangs die Kinder. Bestätigen Sie richtige Antworten und wiederholen Sie den Namen: „Richtig, SSSSabine fängt mit SSSS an."

Wochentage mit Anlauten

Beginnen Sie so oder ähnlich: „Ratet mal, welcher Wochentag heute ist. Der Tag, den wir suchen, fängt mit MMMM an." Wird der richtige Tag genannt, bestätigen Sie wieder: „MMMMontag ist richtig, denn MMMMontag fängt mit MMMM an."
Ihnen werden sicher noch viele Möglichkeiten einfallen, wie Sie die Anlaute einbringen können.

Sätze, bei denen alle Wörter mit dem gleichen Buchstaben anfangen

Suchen Sie mit den Kindern gemeinsam Sätze wie:
Montags marschieren meine Mäuse.
Dienstags dürfen Dackel duschen.
Mittwochs machen manche Mist.
Donnerstags dachte Daniel dunkle Dinge.
Sie können sich auch zunächst selbst solche Sätze ausdenken und Sie von den Kindern nachsprechen lassen.

Namen buchstabieren

Das Spiel eignet sich ebenfalls um einen Stuhlkreis aufzulösen. Alle Kinder, die ihren Namen lautgetreu buchstabiert haben, dürfen aufstehen. Etwas schwierig wird es bei französischen Namen oder Namen, die nicht lautgetreu geschrieben werden. Verwenden Sie vielleicht dann die Spitznamen.

Förderideen Sprachförderung

Ergänzungen zum Thema

Spiele zum Selbermachen

Geräuschememory
Sammeln Sie schwarze Filmdöschen und füllen Sie jeweils zwei mit demselben Inhalt. Die Kinder müssen schütteln, lauschen und raten, was zusammenpasst. Wenn immer zwei Dosen zugeordnet sind, kann überprüft werden, ob es stimmt.

Alltagsgeräusche sammeln
Nehmen Sie mit einem Kassettenrekorder Alltagsgeräusche auf. Am besten fotografieren Sie dabei auch die Geräuschquellen. Die Kinder können dann später die Geräusche den Fotos zuordnen. Wurden die Geräusche von den Kindern selbst gesammelt, macht dies auch viel Spaß.

Fachbücher für weitere Angebote

Küspert, P.: Neue Strategien gegen Legasthenie. Lese- und Rechtschreibschwäche: Erkennen, vorbeugen, behandeln. Wie Kinder leicht lesen und schreiben lernen. Oberste Brink, 2003.

Küspert, P.; Schneider W.: Hören, lauschen, lernen. Sprachspiele für Kinder im Vorschulalter. Vandenhoeck & Ruprecht, 2000.

Stengel, I.; Hude, L. v. d.; Meiwald, V.: Sprachschwierigkeiten bei Kindern. Klett-Cotta, 2000.

Fischer, G.; Langner, C.; Schlieter, U.; Sinn, S.: Spielerische Sprachförderung. 78 ganzheitliche Förderideen für jeden Tag. Ernst Klett Verlag, 2004.

Bilderbücher zum Thema anstehender Schulbesuch

Kessler, S.; Nahrgang, F.: Komm mit in die Schule. Ravensburger, 1995.

Jörg, S.; Kellner, I.: Der Ernst des Lebens. Thienemann, 2003.

Krauß, S.; Mai, M.: Mein erster Schultag. Ravensburger, 2000.

Schober, M.: ABC, der Bär fährt übern See. Lustige ABC-Reime. Edition Bücherbär, 2002.

Spiele im Handel

Papperlapapp, HABA
Ratzfatz, HABA
Der kleine Herr Jakob, Schubi
Sprich genau – Hör genau, Ravensburger
Reime-Spiel, Wehrfritz
Lauter Laute, Ravensburger

Förderideen Farben

Merkzettel

Das Thema Farben stellt keine zu hohen Anforderungen an die Kinder und sollte von ihnen spielend bewältigt werden können. Machen Sie es vom Leistungsstand der Gruppe abhängig, wie ausführlich Sie das Thema bearbeiten. Es ist dadurch gut als Einstiegsthema geeignet.

> Klare Kontraste und reine Farben (rot, grün, blau, gelb) sind für die Kinder leichter zu erkennen.

Das Zuordnen von Eigenschaften wie Farbe, Form und Größe dient der Klassifizierung und ist Grundlage für höhere Denkprozesse des Kindes.
Hat das Kind bereits bei der Zuordnung von Farben Schwierigkeiten (Entwicklungsstufe drei Jahre), prüfen Sie, ob es zum Beispiel Tiere und Autos einander zuordnen kann.
Hat ein Kind hiermit Probleme, dann sollte den Eltern auf jeden Fall zum Besuch beim Kinderarzt und zu einer visuellen Überprüfung bzw. einer Entwicklungsdiagnostik geraten werden.

Hat ein Kind Schwierigkeiten bei der Farberkennung und Benennung, so ist dies selten ein organisches Problem, sondern häufig eine Störung in der komplexen Wahrnehmungs- und Informationsverarbeitung. In diesem Fall kann das Kind z.B. Probleme bei der Speicherung und beim Abrufen von Informationen im Gehirn haben.

Förderideen Farben

45 Min.

Einführung in das Thema Farben

Was wird gefördert?
Die Farbzuordnung und Benennung wird mithilfe von Gegenständen eingeführt und geübt. Die Kinder malen einen Farbkasten mit den Farben Rot, Grün, Gelb, Blau aus.

Was wird benötigt?
- pro Kind eine Kopie „Farbkasten"
- pro Kind Buntstifte in den Farben Rot, Grün, Gelb, Blau
- Alltagsgegenstände mit möglichst eindeutiger Farbe
- Bohnensäckchen oder Tücher in den vier Farben
- Gymnastikreifen in den vier Farben
- eventuell Bildkarten

So wird es vorbereitet (5 Minuten)
Bereiten Sie einen Arbeitsplatz am Tisch sowie ausreichenden Freiraum am Boden vor.
Verteilen Sie die Alltagsgegenstände gut sichtbar im Raum.

Jetzt geht's los

Einführung in die Farbzuordnung
Die Kinder setzen sich im Schneidersitz auf den Boden, die Gymnastikreifen werden in die Mitte gelegt. Nehmen Sie ein Säckchen in die Hand und nennen Sie die entsprechende Farbe. Geben Sie z.B. das rote Säckchen einem Kind und bitten Sie es, dieses in den roten Reifen zu legen. Das nächste Kind darf das grüne Säckchen zuordnen. Sind die Säckchen verteilt, darf das nächste Kind sich in der Gruppe einen Gegenstand suchen und diesen im passenden Reifen unterbringen. Dabei wird das Kind aufgefordert die Farbe zu benennen. Führen Sie das Spiel so lange fort, bis ca. fünf Alltagsgegenstände pro Reifen vorhanden sind.

Die Reifen bleiben in der Mitte liegen. Sie stellen die offene Frage: „Kennt ihr noch andere Dinge, die rot sind?" Zu den von den Kindern benannten Dingen wie Herz, Erdbeere, Mund, Apfel, Feuer legen Sie die entsprechenden Bildkarten, soweit vorhanden, in den roten Reifen. Mit den anderen Farben verfahren Sie auf dieselbe Weise.

Ich sehe was, was du nicht siehst
Bildkarten und Gegenstände werden nun vermischt und auf dem Boden verteilt. Sie beginnen selbst mit dem Satz: „Ich sehe was, was du nicht siehst und das ist ..." Die Kinder dürfen abwechselnd raten und die Lösung bei den Bildkarten und den Gegenständen in der Kreismitte suchen.

Farbkasten
Sie wechseln zum Arbeitsplatz am Tisch. Die Kinder bekommen jeweils eine Kopie „Farbkasten" sowie vier Buntstifte ausgeteilt. Sie sollen in jedes Kästchen eine Farbe malen. Fordern Sie die Kinder auf, sorgfältig zu arbeiten und die Begrenzungen einzuhalten. Anschließend werden die Blätter der Kinder gemeinsam betrachtet und die Kinder sollen die von ihnen gemalten Farben einzeln benennen.

> **Tipp**
> Sie können für richtige Antworten Wäscheklammern oder Belohnungskarten ausgeben.
> Diese können entweder nur gezählt werden oder in einer Kramkiste gegen kleine Belohnungen eingetauscht werden.

Förderideen Farben

Farbkasten

Förderideen Farben

Farben haben Signalwirkung

50 Min.

Was wird gefördert?

Die erlernten Farbbegriffe werden gefestigt. Die Kinder lernen die Signalwirkung von Farben kennen und stellen selbst eine Ampel her.

Was wird benötigt?

- pro Kind ein DIN-A4-Bogen schwarzes Tonpapier
- pro Kind jeweils 8 x 8 cm rotes, grünes und gelbes Tonpapier
- pro Kind schwarzes Tonpapier 15 x 9 cm für Kreise
- pro Kind eine Schere und ein Klebestift
- je ein Tuch in den Farben Rot, Grün und Gelb
- Linkshänderschere
- Schablone für Ampel

So wird es vorbereitet

Herstellung der Schablonen für die Ampeln
(15 Minuten)

Falten Sie ein DIN-A4-Blatt längs in der Mitte. Schneiden Sie von unten zwei Streifen mit jeweils 2 cm Breite ab. Die rechte Seite des restlichen Blattes wird nochmals zur Mittellinie gefaltet und wieder geöffnet. An dieser neu entstandenen Linie entlang konstruieren Sie gleichmäßig drei Kreise mit einem Radius von 3 cm im Abstand von 2 cm. Kleben Sie diese nun fertige Schablone auf stabilen Karton und schneiden Sie hier die Kreise aus. Auch die zwei Streifen und zwei der ausgeschnittenen Kreise werden auf Karton geklebt und ausgeschnitten.

Bereitstellung des Materials (5 Minuten)

Für das Bewegungsspiel gehen Sie am besten in einen Turnraum oder sorgen Sie für genügend Bewegungsfreiraum in der Gruppe.
Für das Basteln der Ampel bereiten Sie einen Arbeitsplatz am Tisch vor und legen die Materialien bereit.

Jetzt geht's los

Bewegungsspiel Ampel

Die Kinder setzen sich im Schneidersitz in Kreisform auf den Boden. Erklären Sie den Kindern die Signalwirkung der Farben. Rot bedeutet Stopp, gelb sagt uns Vorsicht, jetzt kommt eine Veränderung, grün erlaubt uns zu gehen. Beginnen Sie das Bewegungsspiel, indem Sie das grüne Tuch schwenken, die Kinder sollen dabei rasch im Raum umhergehen. Danach wechseln Sie auf das gelbe Tuch, die Kinder sollen nun ganz langsam gehen und genau aufpassen. Bei Rot erstarren alle Kinder in ihrer Position. Danach dürfen die Kinder abwechselnd das Ampelmännchen spielen.

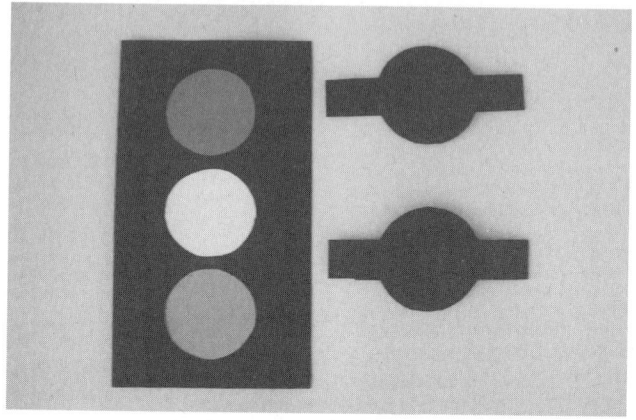

Eine Ampel wird hergestellt

Die Kinder dürfen die Schablonen auf ihr schwarzes Tonpapier übertragen. Kreise, Öffnungen und Streifen werden von den Kindern ausgeschnitten. Sind diese ausgeschnitten, falten die Kinder das Tonpapier in der Mitte. Die eingeschnittenen Öffnungen sollen sich oben befinden. Das bunte Papier wird entsprechend dem Ampelbild eingeklebt, sodass durch die Öffnungen die entsprechenden Farben sichtbar sind. Dann die Ampel mit dem Klebestift zukleben. Jetzt kommen die vorbereiteten Streifen und Kreise ins Spiel. Die schwarzen Kreise werden jeweils in der Mitte eines Streifens befestigt und wie eine Binde um die Ampel gelegt; die Kinder sollen darauf achten, dass die Kreise die Öffnungen überdecken, und fügen dann die Streifen mit Klebeband auf der Rückseite der Ampel zusammen. Haben Sie noch Zeit, spielen Sie mit den fertigen Ampeln das Bewegungsspiel.

Tipp

Das Ausschneiden der Öffnungen wird einigen Kindern Schwierigkeiten bereiten. Geben Sie trotzdem so wenig Hilfestellung wie möglich.
Es fällt den Kindern leichter, wenn diese sich mit einem geraden Schnitt von außen zur Kreisöffnung vorarbeiten dürfen.

Förderideen Farben

Licht und Farbe

⏱ 50 Min.

Was wird gefördert?

Anhand des Regenbogens wird mit den Kindern sprachlich sowie in der praktischen Umsetzung das Thema Grundfarben und Mischfarben anschaulich erarbeitet. Der Zusammenhang von Licht und Farbe wird besprochen. Das Thema Farben wird mit einem Fingerspiel gefestigt.

Was wird benötigt?

- pro Kind eine Kopie „Regenbogen" auf DIN A3 vergrößert
- pro Kind eine Malschürze
- pro Kind eine Mischpalette
- Fingerspiel: „Der Daumen sagt: Hallo"
- Taschenlampe
- Bohnensäckchen in den Farben Rot, Blau und Gelb
- jeweils ein gelber, blauer, grüner und roter Filzstift
- Fingerfarben
- Tücher zum Fingerreinigen

So wird es vorbereitet (10 Minuten)

Wählen Sie für die Einführung einen Raum, der verdunkelt werden kann. Legen Sie dort die Taschenlampe und die drei Bohnensäckchen bereit. Sehen Sie für Arbeitsplätze am Tisch genügend Platz vor. Legen Sie die Materialien am Tisch bereit.

Jetzt geht's los

Einführung in das Thema Licht und Farbe

Die Kinder setzen sich im Schneidersitz in Kreisform auf den Boden. Beginnen Sie damit, die Kinder zu fragen, ob Sie sich vorstellen können, was das Sprichwort „Nachts sind alle Katzen grau" bedeuten könnte.
Lassen Sie die Kinder ihre Vermutungen äußern, ohne selbst Erklärungen abzugeben. Nun legen Sie je ein rotes, blaues und gelbes Säckchen in die Kreismitte. Sie stellen den Kindern die Frage nach der Farbe der Säckchen.
Danach wird der Raum verdunkelt und die Kinder werden erneut nach den Farben gefragt. Je nachdem wie stark der Raum verdunkelt ist, werden die Kinder gar nichts sehen, nur die Umrisse der Säckchen oder nur zum Teil noch die Farben erkennen. Auf jeden Fall werden sie die Veränderung der Farben erleben. Richten Sie nun die Taschenlampe an die Decke und schauen Sie sich die Säckchen mit den Kindern erneut an.
Im letzten Schritt richten Sie die Taschenlampe direkt auf die einzelnen Säckchen. Lassen Sie die Kinder die Veränderungen möglichst selbst formulieren. Beenden Sie die Einführung mit dem Fazit: Nachts sind alle Katzen grau, weil man ohne Licht keine Farben sehen kann.

> **Tipp**
>
> Kinder lieben und benötigen zum Lernen noch viel Wiederholung. Greifen Sie die eingeführten Spiele im Bearbeitungszeitraum des Themas immer wieder auf.

Fingerspiel „Der Daumen sagt: Hallo"

Die Finger der dominanten Hand werden bei jedem Kind mit Filzstiftpunkten bemalt. Der Zeigefinger erhält einen roten, der Mittelfinger einen blauen, der Ringfinger einen grünen und der kleine Finger einen gelben Punkt.
Führen Sie das Fingerspiel in der Anlage laut Anweisung durch. Wiederholen Sie das Spiel während des Bearbeitungszeitraums im Gruppenalltag.

Einführung in das Thema Grundfarben und Mischfarben

Den Kindern wird erklärt, dass es drei Grundfarben gibt und dass man alle anderen Farben aus diesen mischen kann. Sagen Sie den Kindern: „Ihr dürft das gleich selbst ausprobieren. Aber zunächst will ich von euch wissen, ob ihr schon einmal einen Regenbogen gesehen habt?" Lassen Sie die Kinder erzählen. Erklären Sie ihnen anschließend, dass beim Regenbogen Licht auf den Regen scheint, wodurch das Licht in seine einzelnen Anteile zerlegt und die Farbe sichtbar gemacht wird.

Wir malen einen Regenbogen

Jedes Kind bekommt ein Blatt mit dem Regenbogen ausgeteilt. Auf seine Mischpalette bekommt das Kind zunächst gelbe Fingerfarbe. Damit darf es den kleinsten Bogen ausmalen.
Danach erhält es rote Fingerfarbe dazu und darf die beiden Farben mischen.

Förderideen Farben

Nutzen Sie die vielen Sprechgelegenheiten. Was sehen die Kinder? Warum ist das Orange beim einen Kind dunkler als beim anderen? Achten Sie darauf, dass die Kinder Finger und Palette nach jedem Mischen gut reinigen, damit möglichst eindeutige Mischergebnisse entstehen. Das Ergebnis auf dem Papier ist zweitrangig, der Bearbeitungsschwerpunkt liegt hier beim Mischen selbst. Der Regenbogen wird gemäß Kopiervorlage aufgebaut.

> **Tipp**
> Das Ergebnis auf dem Papier ist zweitrangig, es geht hier um das Erlebnis und die Erfahrung Farben zu mischen und zu verändern.

Fingerspiel

Der Daumen sagt: „Hallo, ich gehe heut in den Zoo."

Der Daumen sagt: Hallo,	Ein Daumen nickt mit dem Endglied.
ich gehe heut in den Zoo.	Daumen wackelt hin und her.
Ich suche dort	Hand flach über die Augen.
an jenem Ort	Zeigefinger der anderen Hand zeigt umher.
ein rotes Tier, hallo,	Bei Hallo tippt der rot bemalte Zeigefinger auf den Daumen.
ein blaues Tier, hallo,	Mittelfinger tippt auf Daumen.
ein grünes Tier, hallo,	Ringfinger tippt auf Daumen.
ein gelbes Tier, hallo!	Kleiner Finger tippt auf Daumen.
Kommt Kinder, geht ganz schnell mit mir!	Beide Hände machen Krabbelbewegungen.
Der Gelbe sprach, geh du allein.	Kleiner Finger klappt Richtung Handfläche ein.
Der Grüne sprach, fällt mir nicht ein.	Ringfinger klappt ein.
Der Blaue sprach, ich bin nicht dumm.	Mittelfinger klappt ein.
Der Rote sprach, renn doch allein herum.	Zeigefinger klappt ein.
Der Daumen schüttelt nur den Kopf:	Daumen wackelt hin und her.
Ist auch nicht schlimm,	Andere Hand winkt ab.
dann geh ich halt alleine hin.	–

Regenbogen

Auf DIN A3 vergrößern.

Förderideen Farben

50 Min.

Grundfarben und Mischfarben

Was wird gefördert?

Das Thema Grundfarben und Mischfarben wird anhand des Farbkreises nochmals aufgegriffen und vertieft. Die Kinder lösen einfache Farbenrätsel, singen ein Farbenlied und wiederholen das Fingerspiel „Der Daumen sagt: Hallo".

Was wird benötigt?

- pro Kind eine Kopie „Farbkreis" auf DIN A3 vergrößert
- pro Kind Wasserfarben in rot, gelb und blau
- pro Kind Malschürze
- pro Kind Mischpalette
- Lied von den Farben
- Fingerspiel: „Der Daumen sagt: Hallo!"
- jeweils ein gelber, blauer, grüner und roter Filzstift
- Tücher zum Pinselreinigen
- Farbenrätsel

So wird es vorbereitet (10 Minuten)

Planen Sie für jedes Kind einen ausreichend großen Arbeitsplatz am Tisch sowie für einen Sitzkreis am Boden genügend Freiraum ein. Vergrößern Sie für jedes Kind die Kopiervorlage „Farbkreis" auf DIN A3. Legen Sie die restlichen Materialien am Tisch zurecht.

Jetzt geht's los

Lied von den Farben
Stellen Sie sich mit den Kindern im Kreis auf. Das Lied „Blau, blau, blau ...", eine Abwandlung des Liedes „Grün, grün, grün sind alle meine Kleider ..." (z.B. in: Knackfrosch, KJG Verlagsgesellschaft mbH, S. 69), wird mit den Kindern eingeübt. Als Besonderheit müssen die Kinder sich für jede Farbe eine Bewegung ausdenken. Sobald die Farbe genannt wird, muss diese vollzogen werden. So kann vereinbart werden: „Sobald das Wort Blau fällt, klatschen wir uns mit beiden Händen auf die Hinterbacken, und bei Gelb stampfen wir mit den Füßen auf den Boden usw."

Wiederholung des Fingerspiels: „Der Daumen sagt: Hallo!"
Setzen Sie sich mit den Kindern im Schneidersitz in Kreisform auf den Boden. Die Finger der dominanten Hand der Kinder werden mit Filzstiftpunkten bemalt. Der Zeigefinger erhält einen roten, der Mittelfinger einen blauen, der Ringfinger einen grünen und der kleine Finger einen gelben Punkt. Wiederholen Sie nun das Spiel (s. S. 60).

Wir malen einen Farbkreis
Wiederholen Sie am Tisch das Thema Grundfarben und Mischfarben. Teilen Sie dann die Arbeitsblätter „Farbkreis", Pinsel, Wasserbecher und Wasserfarben aus. Beginnen Sie gemeinsam mit den Kindern die Grundfarben einzumalen. Warten Sie bis alle Kinder die Grundfarben an der richtigen Stelle eingemalt haben. Danach sollen die Kinder selbstständig die Mischfarben für die Lücken herstellen. Dabei wird ihnen gesagt, dass sie die Farben, die sich jeweils rechts und links der Lücke befinden, verwenden sollen.

Farbenrätsel
Während die Bilder antrocknen, werden den Kindern einfache Rätsel zum Thema Farben gestellt. Sie können wieder Wäscheklammern oder Belohnungskärtchen als Verstärker einsetzen. Die Kinder sollen sich auch leise melden und warten, bis sie zu sprechen aufgefordert werden. Auch das kann verstärkt werden.

> **Tipp**
>
> Um seine Aufmerksamkeit zu bündeln, muss ein Kind genau hinsehen und genau zuhören.

Farbenrätsel

Wenn wir diese Farbe sehn, bleiben wir sofort stehen? (rot)

Der Himmel ist nicht immer blau, denn wenn's bald regnet wird er ...? (grau)

Was ist das? Es pocht in meiner Brust, manchmal hüpft es vor Freude und hab ich Angst, klopft es ganz laut. (das rote Herz)

Das, was ich meine, kann eine Obstsorte oder eine Farbe sein? (Orange)

Welche Farben braucht man, um grün zu mischen? (blau und gelb)

Welche Farbe hat ein Apfel, wenn er noch nicht reif ist und ganz sauer schmeckt? (grün)

Was haben die Banane und die Sonne gemeinsam? (sie sind beide gelb)

Wie heißt das Mädchen, das nach der Farbe seiner Mütze benannt wurde? Dieses Mädchen war mutig und ging allein in den Wald, um seine Großmutter zu besuchen. (Rotkäppchen)

Der böse Wolf wurde nicht von den Geißlein hereingelassen, weil er seine Pfote aufs Fensterbrett legte. Welche Farbe hatte diese Pfote? (schwarz)

Wenn Erwachsene keine Lust zum Arbeiten haben und sagen, sie seien krank, dann machen sie ...? (blau)

Welche ist die Farbe der Liebe? (rot)

Von welcher Farbe sagt man, sie stehe für die Hoffnung? (grün)

Welche Farbe hat die Uniform eines Polizisten? (grün)

Lied von den Farben

Blau, blau, blau.
Seht ihr den blauen Himmel?
Blau, blau, blau
Ist alles angemalt!
Und nun seht mal, was hier alles blau ist:
Tinte, Enzian und das blaue Meer.

Gelb, gelb, gelb.
Seht ihr die gelben Felder?
Gelb, gelb, gelb
Ist alles angemalt!
Und nun seht mal, was hier alles gelb ist:
Sonne, Banane und das gelben Küken.

Grün, grün, grün.
Seht ihr die grüne Wiese?
Grün, grün, grün
Ist alles angemalt!
Und nun seht mal, was hier alles grün ist:
Gräser, Blätter und der grüne Wald.

Rot, rot, rot.
Seht ihr den roten Apfel?
Rot, rot, rot
Ist alles angemalt!
Und nun seht mal, was hier alles rot ist:
Erdbeeren, Rosen und der rote Mund.

Förderideen Farben

Farbkreis
Kopiervorlage auf DIN A3 vergrößern.

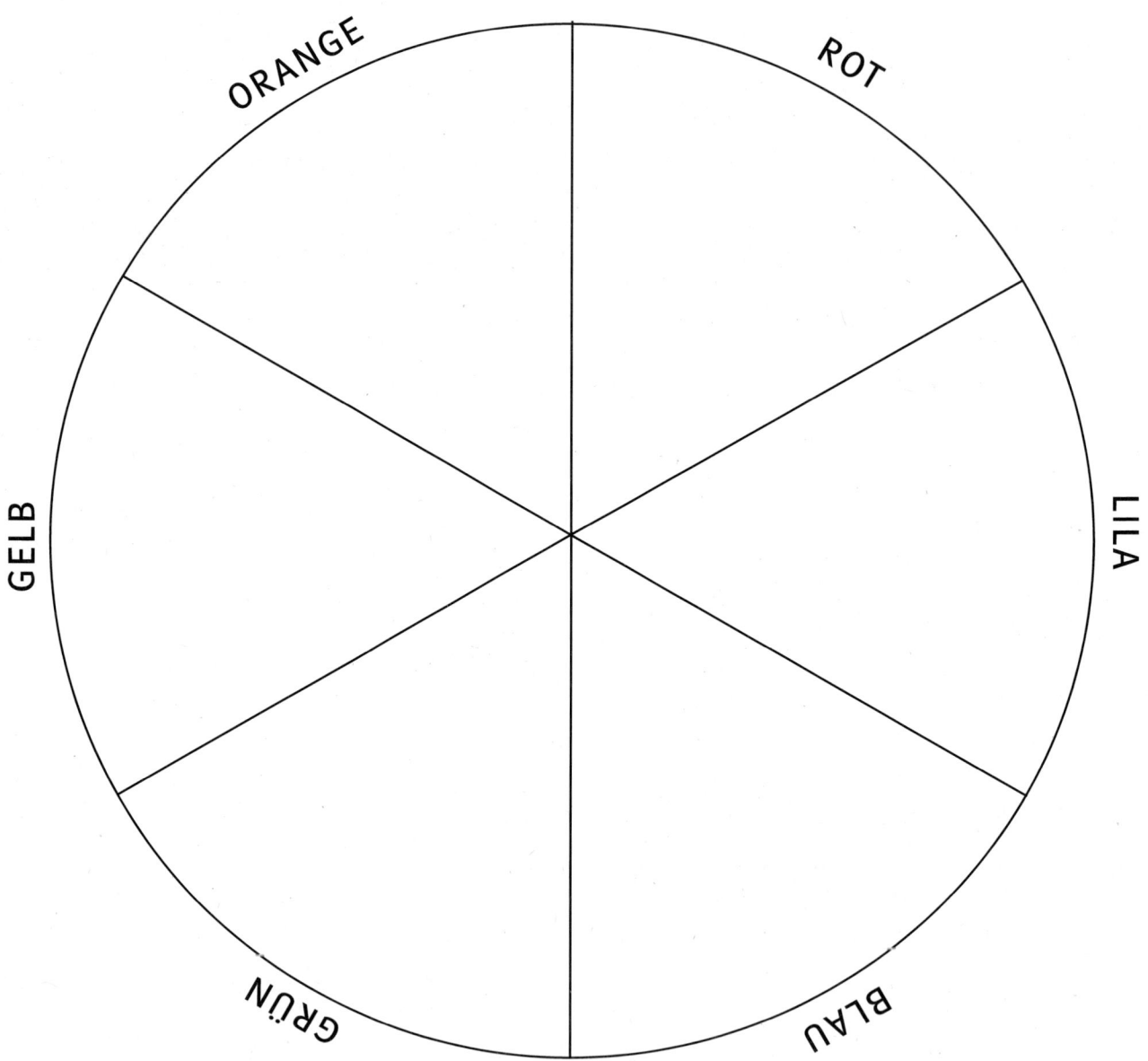

Ergänzungen zum Thema

Spiele zum Selbermachen

Farbmemory
Stellen Sie ein Farbmemory her und legen Sie es im Bearbeitungszeitraum aus. Lassen Sie die Farben von den Kindern beim Spielen laut benennen. Wählen Sie möglichst viele Farbschattierungen, der Wortschatz und das genaue Hinsehen der Kinder werden somit gefördert.

Farbkreis
Stellen Sie für den Stuhlkreis einen großen Farbkreis aus Tonpapier her. Lassen Sie die Kinder, das können auch schon die Kleinen, Obstsorten, Buntstifte und Alltagsgegenstände zuordnen. Dabei ergeben sich Situationen zur Erweiterung des Wortschatzes.

Bilderbücher zum Thema

Lesen Sie zu den Themen möglichst immer passende Bilderbücher vor. Natürlich können Sie eine individuelle Auswahl vornehmen. Hier lediglich ein paar Vorschläge.

Leo, L.: Das kleine Blau und das kleine Gelb. Oettinger, 1962.

Schreiber-Wecke, E.; Holland, C.: Als die Raben noch bunt waren. Thienemann Verlag, 2000.

Rau, T.: Der alte Stiefel. Antex Verlag, 1994.

Lohf, S.: Die kleine Raupe Kunterbunt. Arena Verlag, 2002.

Spiele im Handel

Hoppel-Poppel, HABA
Rund und Bunt, HABA
Bärchen Blau sucht seine Frau, Ravensburger
Affenbande, Ravensburger
Bunte Ballone, Ravensburger
Quips, Ravensburger
Tempo kleine Schnecke, Ravensburger
Farbtäfelchen nach Montessori, Nienhuis
Colorama, Ravensburger
Ich spiele mit Farben und Formen, Ravensburger
Vorschul-Wissensquiz, noris

Förderideen Formen

Merkzettel

Die Begrenzung einer Figur bildet deren Form und, um diese wahrzunehmen, muss sie sich für den Betrachter vom Untergrund abheben.

Regelmäßige geometrische Formen sind leichter wahrzunehmen, zu erkennen und zu merken als unregelmäßige Formen.

Geometrische Formen sind überall in unserer Umwelt zu finden. Formen von Körpern kann man sehen und fühlen.

Eine Form unabhängig von der Lage im Raum und dem tatsächlichen Netzhauteindruck zu erkennen und einzuordnen, ist eine der wichtigsten Fähigkeiten, um sich in der Umwelt zurechtzufinden.

Die Fähigkeit Linien in einen räumlichen Bezug zu setzen, macht es den Kindern möglich Formen abzuzeichnen (später auch Buchstaben oder Zahlen, die sich häufig nur in der Anordnung der Linien unterscheiden).

Räumliche Beziehungen stellt das Kind zunächst über seinen eigenen Körper und dessen Lage im Raum her (durch Bewegung erobert sich das Kind die dreidimensionale Welt).

Die Fähigkeiten Formen wieder zu erkennen, räumliche Beziehungen zu erkennen und Figuren vom Grund zu unterscheiden sind wichtige Voraussetzungen für viele Kulturtechniken wie Lesen, Schreiben und das mathematische Verständnis.

Formen und Farben wahrzunehmen ist die Grundlage, um klassifizieren zu können. Klassifikation bedeutet, dass man weiß, dass Gegenstände zu Kategorien wie Hunde, Stühle, Bücher und Häuser gehören.

Einführung in das Thema Formen

45 Min.

Was wird gefördert?

Zunächst wird der Begriff Form sprachlich erarbeitet. Die Kinder lernen die geometrischen Formen Kreis, Dreieck und Viereck, unterteilt in Rechteck und Quadrat, kennen. Sie ertasten Formen, ordnen diese Rhythmus-Instrumenten zu, bilden sie mit ihren Körpern nach und suchen sie im vorhandenen Umfeld.

Was wird benötigt?

- geometrische Formen aus Tonpapier ausgeschnitten und laminiert (Kopiervorlage „Formensalat", s. S. 75)
- Stoffsäckchen
- Triangel, Tamburin, quadratisches Holzstück oder Holzblocktrommel
- Klebeband oder Straßenkreide
- Belohnungskärtchen in Form von Kreis, Dreieck, Viereck

So wird es vorbereitet

Formen aus Tonpapier (10 Minuten)
Schneiden Sie in unterschiedlichen Größen zwei Dreiecke, zwei Kreise und zwei Quadrate aus Tonpapier oder Graupappe aus. Verwenden Sie als Vorlage die Kopiervorlage „Formensalat". Sie können auch Formen aus Holz erstellen. Tonpapierformen müssen laminiert werden, da sie ansonsten zu dünn zum Tasten sind.

Belohnungskärtchen (10 Minuten)
Schneiden Sie aus Tonpapier kleine Dreiecke, Kreise und Vierecke aus. Mit Stickerbildern beklebt oder Tierbildern bestempelt sind sie noch motivierender.

Material bereitstellen (5 Minuten)
Bei schönem Wetter kann diese Einheit ins Freie verlegt werden oder Sie gehen nach Möglichkeit in einen Turnraum oder Sie räumen Tische und Stühle zur Seite, da die Kinder viel Freiraum benötigen.

Jetzt geht's los

Einführung in die Formerkennung
Die Kinder setzen sich im Schneidersitz in Kreisform auf den Boden. Besprechen Sie mit den Kindern, was der Begriff Form bedeutet: Erklären Sie ihnen, dass eine Form die äußere Begrenzung einer Figur ist. Formen können regelmäßig sein, wie z.B. ein Viereck oder unregelmäßig wie ein Baum oder ein Farbklecks.
Erarbeiten Sie anschließend mit den Kindern folgende Fragen:
„Welche regelmäßige Formen kennt ihr?"
„Welche Form hat ein Ball?"
„Welche Form hat eine Kiste?"
„Welche Form hat ein Dach?"
„Kennt ihr den Unterschied zwischen einem Quadrat und einem Rechteck?"

Tastspiel
Lassen Sie nun das Stoffsäcken mit den Formen im Kreis herumgehen. Die Kinder ertasten im Säckchen eine Form, geben ihren Tipp ab, holen die Form heraus und überprüfen ihre Aussage.

Bewegungsspiel
Mit Klebestreifen in der Turnhalle oder Kreide im Freien werden die Formen auf den Boden aufgeklebt bzw. aufgezeichnet. Die Kinder stellen sich gleichmäßig auf die Begrenzungslinien und bilden somit selbst die Formen.

Förderideen Formen

> **Tipp**
>
> Geometrische Formen sind in unserem alltäglichen Umfeld und der Natur überall zu finden. Greifen Sie die Suche danach immer wieder im Gruppenalltag auf. Über die Formerkennung hinaus wird dadurch die allgemeine Beobachtungsgabe geschult. Die Kinder lernen Merkmale von Gegenständen zu erkennen und diese sprachlich zu benennen. Das hilft ihnen in der Umkehrung Gegenstände anhand von Merkmalen zu beschreiben.

Mit den Kindern werden nun die Instrumente den Formen zugeordnet.

Dreieck	Triangel
Kreis	Tamburin
Viereck	quadratische Holzplatte mit Schlegel oder Holzblocktrommel

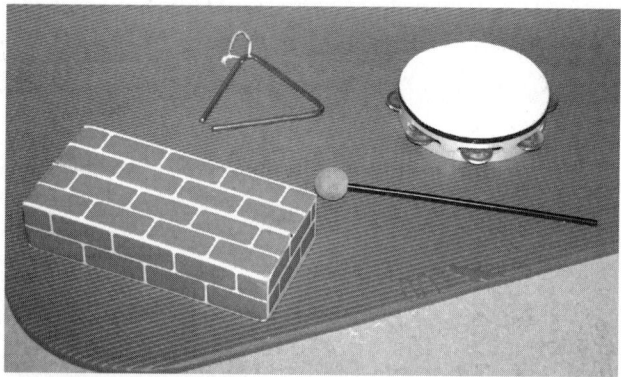

Die Kinder bewegen sich im Raum. Werden die jeweiligen Instrumente geschlagen, sollen sich die Kinder auf die passenden Klebestreifen der entsprechenden Form stellen und so selbst die Form miteinander nachbilden.

Ratespiel „Ich sehe etwas ..."

„Ich sehe etwas, das ist viereckig und ist ein Fenster!"
Die Kinder sollen Formen in ihrem Umfeld finden. Ein Kind, das eine Form in der Gruppe entdeckt und diese benennen kann, bekommt ein Belohnungskärtchen der entsprechenden Form. Das Spiel wird reihum gespielt.

> **Tipp**
>
> Bei Gruppenaufgaben wird die Rolle eines Kindes innerhalb der Gruppe besonders deutlich.
> Die Anforderung ist hoch, das einzelne Kind muss nicht nur eine Vorstellung von der Lösung entwickeln, sondern seine Interessen und seine Überzeugung innerhalb der Gruppe darstellen und durchsetzen. Darüber hinaus muss es in der Lage sein, Kompromisse einzugehen und andere Lösungswege zu beschreiben.
> Diese Interaktionsprozesse benötigen viel Zeit und es sollte nicht zu schnell eingegriffen werden.
> Verändern Sie die Rollenverteilung, indem Sie ein dominantes Kind zum Assistenten und ein zurückhaltendes Kind zum Leiter bestimmen.

Formenpuzzle 1

Was wird gefördert?

Mit den eingeführten geometrischen Formen wird sprachlich wie pantomimisch gespielt. Formen werden ausgeschnitten und als menschliche Figur zusammengefügt.

Was wird benötigt?

- Kopiervorlage „Formenpuzzle Kind"
- Kopiervorlagen „Formen"
- buntes Kopierpapier
- Scheren
- Linkshänderschere
- Klebestifte

So wird es vorbereitet

Kopiervorlagen vergrößern (10 Minuten)
Vergrößern Sie pro Kind auf DIN A3 eine Kopiervorlage „Formenpuzzle Kind". Die Formenteile werden auch für jedes Kind auf farbiges Papier vergrößert.

Material bereitstellen (5 Minuten)
Sehen Sie für die Arbeitsplätze am Tisch genügend Platz vor. Überprüfen Sie, ob sich linkshändige Kinder in der Gruppe befinden und wählen Sie Platz und Werkzeug dementsprechend aus.

Jetzt geht's los

Fingerspiel Formen
Üben Sie mit den Kindern das Fingerspiel laut Anleitung in der Anlage.

Formenpuzzle
Betrachten Sie zunächst mit den Kindern die Puzzlevorlage nach folgenden Kriterien:

„Welche Formen kommen vor? Gibt es große und kleine Formen, die gleich sind? Welche Formen kann man am eigenen Körper entdecken und wo?"
Die Formen werden aus dem blauen Papier ausgeschnitten und auf der Puzzlevorlage aufgeklebt.
Die Puzzlevorlage und das gelbe Formvorlagepapier werden für die nächste Einheit aufbewahrt.

Ratespiel Formen
Ein Kind malt eine Form in die Luft. Die anderen Kinder müssen erraten, welche Form es war. Dasjenige Kind, das die Form erkannt hat, ist nun dran.

Förderideen Formen

Fingerspiel Formen

Schaut mal her,	Rechte Hand über die Augen, umherschauen,
ist gar nicht schwer!	mit der Hand abwinken,
Ich male einen Kreis	Zeigefinger malt Kreis,
und niemand weiß,	Zeigefinger hin und her bewegen,
ist es ein Ball, ein Ring, ein Rad?	dreimal Kreis mit Zeigefinger malen,
Nimm es jeder so, grad wie er mag.	auf verschiedene Personen zeigen, dann Arme überkreuzen und hin und her wiegen.
Schaut mal her,	Schaubewegung,
ist gar nicht schwer!	abwinken,
Ich male ein Quadrat,	mit beiden Zeigefingern ein Quadrat malen,
ob ich es euch wohl verrat?	flüstern und Hand an den Mund legen,
Ist es 'ne Kiste, ein Fenster, ein Kissen?	dreimal Quadrat malen,
Das müsst ihr selber wissen!	mit Zeigefinger an Schläfe tippen.
Schaut mal her,	Schaubewegung,
ist gar nicht schwer!	mit Hand abwinken,
Ich male ein Dreieck.	mit Zeigefinger Dreieck malen,
Wer es wohl entdeckt?	mit den Händen ein Fernrohr bilden, durchblicken,
Ist es ein Dach, ein Berg, ein Hut?	dreimal Dreieck malen,
Wenn ihr's erratet, seid ihr gut!	Daumen nach oben!

Förderideen Formen

Formenpuzzle Kind
Auf DIN A3 vergrößern.

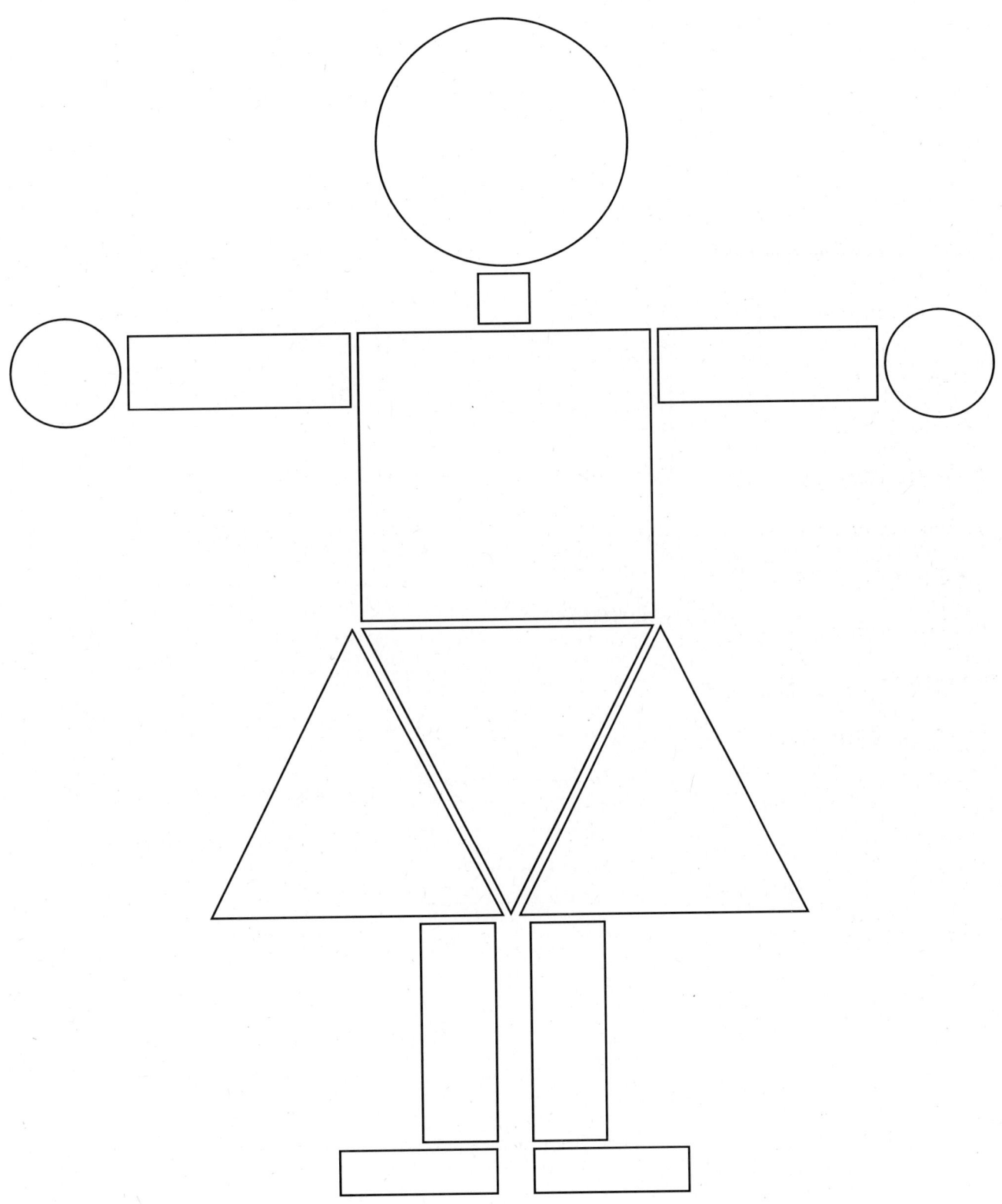

Förderideen Formen

Formen
Auf blaues Papier kopieren, auf DIN A4 vergrößern.

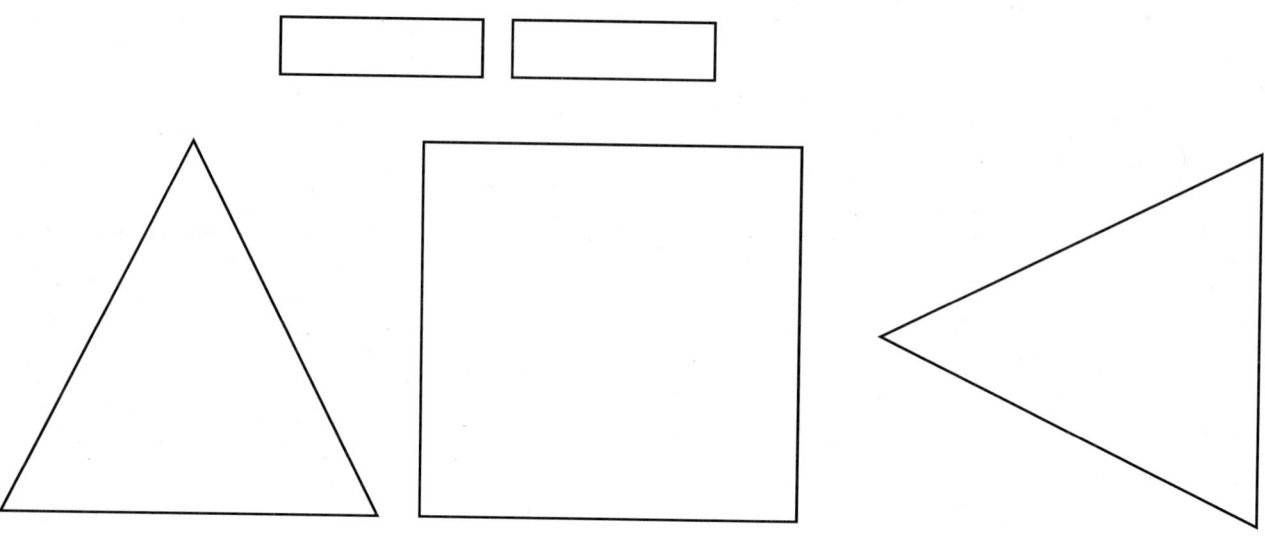

Auf gelbes Papier kopieren, auf DIN A4 vergrößern.

Förderideen Formen

Formenpuzzle 2

⏱ 45 Min.

Was wird gefördert?

Die Inhalte der letzten Einheit werden wiederholt und das Puzzle fertig gestellt.

Was wird benötigt?

- pro Kind das begonnene Formenpuzzle
- pro Kind die Kopie „Formen" auf gelbem Papier
- Scheren
- Linkshänderschere
- Klebestifte

So wird es vorbereitet (5 Minuten)

Material bereitstellen

Das bereits begonnene Formenpuzzle sowie die auf gelbes Papier kopierten Formenteile werden für jedes Kind zurechtgelegt.

Jetzt geht's los

Fingerspiel Formen

Wiederholen Sie das Fingerspiel „Hallo, ich gehe heut in den Zoo" laut Anleitung (s. S. 60).

Formenpuzzle

Lassen Sie die Kinder die Formen auf dem gelben Papier ausschneiden und auf die vorgesehenen Stellen im Puzzle kleben.

Betrachten Sie die fertigen Puzzle wieder nach den Kriterien: „Welche Formen kommen vor? Gibt es große und kleine Formen, die gleich sind? Welche Formen kann man am eigenen Körper entdecken und wo?"

Rücken-Zeichenspiel

Die Kinder setzen sich im Schneidersitz und in Kreisform so auf den Boden, dass sie jeweils auf den Rücken des nächsten Kindes blicken. Sie beginnen damit, eine Form einem Kind auf den Rücken zu malen. Das Kind sagt, welche Form es gespürt hat. Sie bestätigen oder korrigieren. Das Spiel geht reihum.

Es kann aber auch so gespielt werden, dass Sie eine Form zeichnen. Alle Kinder zeichnen diese Form auf den Rücken ihres Vordermanns nach und schauen, was zum Schluss von der ursprünglichen Form noch ankommt.

Das Spiel ist schwierig, da der Rücken wenig empfindlich für feine Tastempfindungen ist. Es ist deshalb nicht weiter auffällig, wenn Kinder die Formen nicht erraten. Anders sieht es mit geschlossenen Augen und dem Zeichnen von Formen in die Handinnenfläche aus. Verfügen Sie noch über etwas Zeit, probieren Sie gleich diese Variante aus und lassen Sie die Kinder die Unterschiede der Wahrnehmung benennen.

Tipp

Kinder benötigen viele Wiederholungen, um Lerninhalte zu verinnerlichen.

Förderideen Formen

45 Min.

Formerkennung und Figur-Grund-Wahrnehmung

Was wird gefördert?

In der folgenden Einheit wird erarbeitet, dass man eine Form nur dann wahrnimmt, wenn man in der Lage ist, sie vom Untergrund zu unterscheiden, des Weiteren, dass dieselben Formen unterschiedliche Größen haben können.

Was wird benötigt?

- pro Kind dreimal die Kopie „Formensalat"
- pro Kind ein roter, ein blauer und ein grüner Buntstift
- Formen aus Tonpapier
- 2 Gymnastikreifen
- Klebeband (Malerkreppband) oder Straßenkreide (wenn Sie ins Freie gehen)

So wird es vorbereitet

Formen aus Tonpapier (10 Minuten)

Verwenden Sie die Formen aus der Einführungseinheit. Haben Sie dort noch keine vorbereitet, so schneiden Sie unter zuhilfenahme der Kopiervorlage „Formensalat" (s. S. 75) von jeder Größe und Art eine Form aus Tonpapier aus.

Vorbereitung Kopiervorlagen (5 Minuten)

Kopieren Sie pro Kind dreimal die Vorlage „Formensalat".

Bereitstellung des Materials (5 Minuten)

Sie benötigen für jedes Kind einen Arbeitsplatz am Tisch sowie viel Platz für das Bewegungsspiel. Dieses lässt sich mit Straßenkreide im Freien spielen.

Jetzt geht's los

Fingerspiel „Formen"

Wiederholen Sie das Fingerspiel „Formen" laut Anleitung (s. S. 70).

Formensalat

a) Betrachten Sie die Formkärtchen mit den Kindern. Wiederholen Sie die Begrifflichkeiten. Besprechen Sie mit den Kindern, dass gleiche Formen unterschiedliche Größen haben können.

b) Die Formen werden auf dem Blatt „Formensalat" gesucht und die Kinder dürfen nacheinander eine Form auf das Arbeitsblatt legen.

c) Die Kinder erhalten das erste Arbeitsblatt. Machen Sie es auf Ihrem eigenen Blatt vor.
Ihre Arbeitsanweisung an die Kinder lautet:
„Nehmt das erste Blatt und sucht alle Kreise und umrandet sie rot. Schaut, wie ich es mache!"
„Nehmt das zweite Blatt und sucht alle Vierecke und umrandet sie blau!"
„Nehmt das dritte Blatt und sucht alle Dreiecke und umrandet sie grün!"

Formenfangen

Verteilen Sie zwei Gymnastikreifen im Raum. Bringen Sie mit Klebeband zwei Dreiecke und zwei Vierecke, die in ihrer Größe den Reifen entsprechen, am Boden an. Ein Fänger wird ermittelt. Dieser stellt sich an einer Wand auf, die restlichen Kinder begeben sich zur gegenüberliegenden Wand. Der Fänger ruft: „Eins, zwei, drei, nur die ... (z.B. Kreise) sind frei!" Nun versuchen alle Kinder entweder einen Kreis oder die gegenüberliegende Wand zu erreichen. Der Fänger versucht sie abzufangen, bevor sie am Ziel ankommen. Gefangene Kinder helfen in der nächsten Runde mit, bis nur noch ein Kind übrigbleibt. Dieses darf der neue Formenfänger sein.

Formensalat

Förderideen Formen

Reproduktion von Formen

40 Min.

Was wird gefördert?

Bei dem Nachmalen von Formen muss es den Kindern gelingen, Linien in einen räumlichen Bezug zueinander zu stellen. Zunächst werden geometrische Formen aus verschiedenen Materialien gebildet. In einem zweiten Arbeitsschritt zeichnen die Kinder Formen auf dem Papier ab.

Was wird benötigt?

- pro Kind ein Springseil
- pro Kind längliches Baumaterial, z. B. große Mikadostäbe oder Holzleisten
- pro Kind eine Kopie „Kreis", „Dreieck" und „Viereck"
- Buntstifte

So wird es vorbereitet

Kopiervorlagen (5 Minuten)
Kopieren Sie für jedes Kind jeweils ein Blatt „Kreis", „Dreieck", „Viereck".

Bereitstellung des Materials (5 Minuten)
Sie benötigen für jedes Kind einen Arbeitsplatz am Tisch und genügend Freifläche auf dem Boden. Teilen Sie das Baumaterial gleichmäßig auf, jedes Kind sollte aus den Stäben ein Viereck und ein Dreieck bauen können.

Jetzt geht's los

Fingerspiel Formen
Wiederholen Sie das Fingerspiel „Formen" (s. S. 70).

Formen aus Material legen
Die Kinder setzen sich in Kreisform und im Schneidersitz auf den Boden. Sie erklären den Kindern die Aufgabe: Jedes Kind soll aus dem Seil einen Kreis legen, aus den Stäben ein Viereck und ein Dreieck. Die Kinder sollen sich nicht an den anderen orientieren, sondern möglichst selbstständig arbeiten. Wenn alle Kinder fertig sind, werden die Formen gemeinsam betrachtet.

Reproduktion Formen
Begeben Sie sich nun mit den Kindern zu den Arbeitsplätzen am Tisch. Die Kinder bekommen das Arbeitsblatt „Kreis" ausgeteilt. Nun sollen sie neben den gedruckten Kreis einen eigenen malen, der ungefähr gleich groß ist. Ist dies gut gelungen, drehen alle Kinder das Blatt um und malen auf der Rückseite einen Kreis aus dem Gedächtnis.

Mit den Arbeitsblättern „Dreieck" und „Viereck" wird ebenso verfahren. Hier können schwache Kinder durch Punkte an den Ecken oder gestrichelte Linien unterstützt werden. Hilfestellungen in den Beobachtungsbögen und auf den Arbeitsblättern vermerken.

Tipp

Kinder, die noch Schwierigkeiten bei den räumlichen Beziehungen haben, fallen oft dadurch auf, dass sie nicht in der Lage sind ein Dreieck abzumalen. Sie malen die Spitzen des Dreiecks oft abgerundet oder die Linien treffen nicht aufeinander.

Kreis, Quadrat

Förderideen Formen

Dreieck

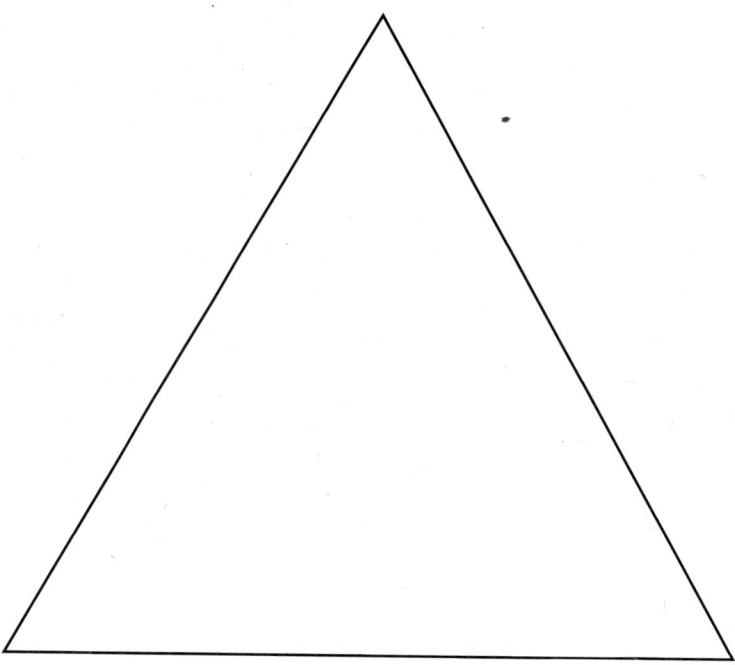

Ergänzungen zum Thema

Spiele zum Selbermachen

Sperrholzformen
Lassen Sie für die Kinder Formen aus Sperrholz aussägen. Erweitern Sie um zusätzliche geometrische Formen. Die Kinder können die Formen in einer bestimmten Farbe bemalen. Als Gruppenarbeit können Sie ein Formenmobile erstellen.

Sandpapierformen
Formen werden aus Sandpapier ausgeschnitten und mit verbundenen Augen ertastet.

Musterreihen
Aus den geometrischen Formen malen die Kinder Muster. Sie können diese als Bordüre im Gruppenraum aufhängen.

Formenpizza
Backen Sie mit den Kindern Pizza. Verwenden Sie Scheibenkäse und schneiden Sie die Scheiben diagonal durch, sodass Dreiecke entstehen. Salami-Scheiben dienen als Kreise und die Grundform der Pizza oder der Käse als Viereck. Sie werden sicher noch viele Formen mit den Kindern entdecken.

Bilderbücher zum Thema

Herfurth, R.; Siegloch, U.; Lohr, S.: Farben und Formen. Ravensburger, 2000.

Spiele im Handel

Colorama, Ravensburger
Bunte Formen, Ravensburger
Figurogramm, Educo
Blocolo, Nienhuis
Schau und leg nach, Schubi
Figuren-Legespiele, Schubi
Domino Constructo, Schubi

Förderideen Feinmotorik

Merkzettel

„Schau hin, was du machst!"
Das Zusammenspiel von Augen und Händen ist entscheidend für den Erfolg bei feinmotorischen Tätigkeiten.

> Eine gute Finger- und Handgeschicklichkeit ist Grundlage einer guten Schreibmotorik.

„Mach's mit Gefühl!"
Aber auch die Oberflächensensibilität der Haut und die Kraftdosierung spielen eine wichtige Rolle.

Wenn ein Kind Schwierigkeiten mit der Feinmotorik hat, zeigt sich das meist in einem Vermeidungsverhalten. Das Kind spürt, dass es den Anforderungen nicht gerecht wird und sagt häufig: „Das will ich nicht!" oder „Das ist blöd und langweilig!" Es vermeidet Umgang mit kleinem Konstruktionsmaterial, Bastelarbeiten und dem Malen. Häufig wechselt es noch seine Hände bei der Stifthaltung oder beim Schneiden. Es gelingt ihm nicht etwas genau auszumalen. Wird das Kind eingeschult, sind Misserfolge absehbar. Ein sehr intelligentes Kind wird einiges ausgleichen können, ein anderes wird schon in den ersten Wochen der große Schulfrust packen.

Wird ein Problem mit der Feinmotorik rechtzeitig erkannt, kann Kindern mit Ergotherapie sehr geholfen werden.

> Es besteht ein Zusammenhang zwischen Feinmotorik und Sprachentwicklung. Häufig haben Kinder in beiden Bereichen Schwierigkeiten. Nehmen Sie alle Arten von Sprachschwierigkeiten ernst. Logopädie im Kindergartenalter macht durchaus Sinn.

Zwingen Sie keinem Kind eine Seitenbevorzugung der Hand auf. Lassen Sie das Kind frei entscheiden. Bei linkshändigen Kindern oder Kindern mit unausgereifter Handdominanz bitte immer auch Werkzeug für Linkshänder (Schere, Gurkenschäler usw.) anbieten.

Greifen und Begreifen

Die Spielfunktion der Hände ermöglicht dem Kind seine Umwelt zu erfahren, zu verstehen und zu verändern.

Förderideen Feinmotorik

Umgang mit formbarem Material

60 Min.

Was wird gefördert?

Der Schwerpunkt liegt hier bei der Förderung der feinmotorischen Geschicklichkeit. Das Thema Formen wird in diesem Zusammenhang wieder aufgegriffen und bearbeitet. Die Kinder lernen Gefühltes sprachlich auszudrücken.

Was wird benötigt?

- pro Kind ein Wellholz
- pro Kind eine Unterlage
- pro Kind ein Plastikmesser
- Knetmasse oder Salzteig
- Schüssel
- Tuch zum Abdecken
- Formen aus Tonpapier oder Graupappe aus dem Kapitel Formen

So wird es vorbereitet

Zubereitung Salzteig (15 Minuten)
Bereiten Sie den Salzteig am besten einen Tag zuvor mit den Kindern zu. In einer verschlossenen Dose ist er mehrere Tage haltbar. Zutaten in die Küchenmaschine geben und so lange einfach mit den Knethaken rühren, bis sich alle Zutaten vermischt haben.

Grundrezept Salzteig:
- 2 Tassen Mehl
- 2 Tassen Salz
- 1 Tasse Wasser
- 1 Esslöffel Tapetenkleister

Material bereitlegen (5 Minuten)
Formschablonen können von der Einheit Formerkennung verwendet werden und sollen aber nur bei Schwierigkeiten zum Einsatz kommen. (s. S. 74)

Jetzt geht's los

Begreifen/Begriff
Zunächst setzen sich die Kinder im Schneidersitz auf den Boden. Die zugedeckte Schüssel wird in die Mitte gestellt. Den Kindern wird erklärt: „Heute wollen wir zunächst mit unseren Händen ‚sehen', was sich in der Schüssel befindet. Ihr sollt nicht unter das Tuch schauen, sondern versuchen den anderen zu erklären, was ihr fühlt."

Führen Sie Ihre Hände unter das Tuch und betasten Sie das Material ausgiebig. Sie benennen daraufhin eine Qualität und ermuntern die Kinder reihum zu fühlen und das Gefühlte auszudrücken. Führen Sie das Spiel so lange fort, bis alle wichtigen Begriffe wie weich, formbar, kalt usw. erarbeitet sind. Danach wird das Tuch aufgedeckt und das Material mit den Augen betrachtet.

Handeln: Eine Kugel und eine Rolle werden geformt
Am Tisch darf sich jedes Kind eine Unterlage, ein Wellholz, ein Plastikmesser und ein Stück Knetmaterial aus der Schüssel nehmen. Zeigen Sie den Kindern, wie eine Kugel und eine Rolle geformt werden. Die Kinder führen diese Handlungen aus.
Sie können die Motivation steigern, indem Sie die Kinder aus drei Kugeln einen Schneemann und aus der Rolle eine Schnecke herstellen lassen.

> **Tipp**
>
> Bieten Sie das Material anschließend zum Freispiel an. Mit Salzteig lassen sich gezielt kleine Brote, Brezeln usw. für den Kaufladen herstellen und bemalen. Denkbar sind auch ganze Projekte mit Knetmasse, Salzteig oder Ton. Es bieten sich eine Vielzahl von Techniken an. Zur feinmotorischen Geschicklichkeit wird vor allem beim freien Umgang mit diesen Materialien die Vorstellungskraft und Kreativität enorm gefördert.

Formen ausschneiden/kneten
Ist es dem Großteil der Gruppe gelungen gleichmäßige Rollen zu formen, kann mit diesen weitergearbeitet werden. Wiederholen Sie die Begriffe Kreis, Dreieck und Viereck (eventuell mit dem Fingerspiel „Formen") und lassen Sie die Kinder diese aus dünnen Rollen legen. Knetmasse bzw. Salzteig können jedoch auch ausgerollt werden und die Formen mit dem Messer ausgeschnitten werden. Haben Kinder hierbei noch große Schwierigkeiten, lassen Sie diese die Formschablonen zum Ausschneiden verwenden.

Förderideen Feinmotorik

Knülltechnik: Rabe

45 Min.

Was wird gefördert?

Die Kinder lernen Kugeln aus Papier zu formen. Dazu benötigen Sie feinmotorische Geschicklichkeit und eine gute Kraftdosierung. Mit der Schere wird der relativ einfache Umriss des Raben ausgeschnitten.

Was wird benötigt?

- pro Kind eine Schere
- pro Kind ein Klebestift
- pro Kind eine Materialschale und eine Unterlage
- Kopiervorlage „Rabe"
- Graupappe für zwei bis drei Rabenschablonen
- rote, gelbe und blaue Klebepunkte
- Krepppapierstreifen in den Farben Orange, Rot, Blau, Gelb, Grün
- Linkshänderschere bei Bedarf

Wie wird es vorbereitet?

Schablone „Rabe" (10 Minuten)
Übertragen Sie den Raben der Kopiervorlage auf Graupappe und schneiden Sie je nach Gruppengröße zwei bis drei Schablonen aus.

Bereitstellen des Materials (10 Minuten)
Richten Sie für jedes Kind einen Arbeitsplatz mit Unterlage, Schere und Klebestift her. Außerdem bekommt jedes Kind eine Schale mit jeweils einem Streifen Krepppapier in den Farben Orange, Rot, Gelb, Grün und Blau.

Jetzt geht's los

Fingerspiel Rabe
Bei diesem Fingerspiel wird einfach nur mit jeweils einem Finger gewackelt und die Rabenrufe gesprochen.

> *Fünf Raben sitzen an dem Fenster.*
> *Der erste kräht: krr krr krr krr krr!*
> *Der zweite ruft: Kri kri kri kri kri!*
> *Der dritte krächzt: Krä krä krä krä krä!*
> *Der vierte kreischt: Kra kra kra kra kra!*
> *Der fünfte schaut zu dir herein*
> *Und flüstert: „Wollen wir Freunde sein?"*

Knülltechnik „Rabe"
Die Kinder übertragen die Schablone selbstständig auf ein Stück schwarzes Tonpapier. Danach werden die Raben ausgeschnitten. Achten Sie auf linkshändige Kinder und stellen Sie eine entsprechende Schere zur Verfügung.
Die Kinder beginnen mit dem orangefarbenen Krepppapier, reißen Stücke ab und knüllen sie zu kleinen Kügelchen. Mit diesen orangefarbenen Kügelchen werden der Schnabel und die Füße beklebt. Anschließend können die Kinder in allen Farben kleine Kugeln knüllen und diese auf den Körper des Raben kleben.

Bewegungsspiel „Der Ra, Ra, Rabe"
Bei diesem Spiel wird nun das Thema Farben wieder aufgegriffen. Kleben Sie auf die Rückseite der gebastelten Raben der Kinder farbige Klebepunkte in den Grundfarben. Sie können auch die Augen mit Klebepunkten in der entsprechenden Grundfarbe aufkleben lassen. Verteilen Sie die Punkte so, dass es möglichst gleich viele rote, gelbe und blaue Raben gibt. Frischen Sie das Thema Grundfarben kurz auf. Das Spiel wird laut Anlage durchgeführt.

Tipp

Lesen Sie vor dieser Einheit das Bilderbuch „Als die Raben noch bunt waren" von E. Schreiber-Wecke und C. Holland (Thienemann Verlag, 1990).

Der Ra, Ra, Rabe

Der Ra, Ra, Rabe,
der Papa Rabe, der bin ich.
Ich möchte so gern, ich möchte so gern,
die gelben Raben sehen.
(Die Raben mit gelben Punkten werden hochgehalten.)

Der Ra, Ra, Rabe,
der Papa Rabe, der bin ich.
Ich möchte so gern, ich möchte so gern,
die roten Raben sehen.
(Die Raben mit roten Punkten werden hochgehalten.)

Der Ra, Ra, Rabe,
der Papa Rabe, der bin ich.
Ich möchte so gern, ich möchte so gern,
die blauen Raben sehen.
(Die Raben mit blauen Punkten werden hochgehalten.)

Der Ra, Ra, Rabe,
der Papa Rabe, der bin ich.
Ich möchte so gern, ich möchte so gern,
die gelben Raben hüpfen sehen.
(Die Kinder mit gelben Raben hüpfen.)

Der Ra, Ra, Rabe,
der Papa Rabe, der bin ich.
Ich möchte so gern, ich möchte so gern,
die roten Raben tanzen sehen.
(Die Kinder mit roten Raben tanzen.)

Der Ra, Ra, Rabe,
der Papa Rabe, der bin ich.
Ich möchte so gern, ich möchte so gern,
die blauen Raben sich im Kreis drehen sehen.
(Die Kinder mit blauen Raben drehen sich im Kreis.)

Der Ra, Ra, Rabe,
der Papa Rabe, der bin ich.
Ich möchte so gern, ich möchte so gern,
Alle Raben winken sehen.
(Alle Rabenkinder winken.)

Förderideen Feinmotorik

Rabe

Reißtechnik: Schlange

Was wird gefördert?

Bei dieser Einheit wird ein gutes Zusammenspiel von Augen und Händen gefördert. Die Kinder müssen Bewegungsausmaß und Krafteinsatz genau dosieren, denn reißt die Schlange ab, müssen sie von neuem beginnen.

Was wird benötigt?

- pro Kind ca. drei Bögen Papier wahlweise DIN A3 oder DIN A4
- pro Kind Filzstifte in den Basisfarben

So wird es vorbereitet

Bereitstellung des Materials (5 Minuten)
Sorgen Sie für einen Arbeitsplatz am Tisch und genügend Freifläche am Boden für das Bewegungsspiel. Legen Sie Blätter und Stifte am Tisch bereit.

Jetzt geht's los

Reißtechnik: Schlange
Zeigen Sie den Kindern, wie man eine lange Schlange aus einem Papier reißt. Sie beginnen das Papier ca. 2 cm unterhalb der Kante einzureißen, reißen es fortlaufend und wenden kurz vor jeder Ecke um 90 Grad. So verfahren Sie bis in der Mitte nur noch ein kleines Quadrat beziehungsweise ein kleiner Kreis, je nachdem wie Sie gearbeitet haben, übrigbleibt. Dieses Reststück bildet den Kopf der Schlange und wird umgeschlagen. Danach wird die Schlange in die Länge gezogen. Erklären Sie nun den Kindern, dass das Ziel ist, eine möglichst lange Schlange zu bekommen. Dünne Schlangen werden länger als dicke, aber dünne Schlangen reißen leichter als dicke.

Zum Ausprobieren darf jedes Kind nun eine Schlange reißen. Danach dürfen sie noch eine herstellen und sollen nun versuchen, eine möglichst lange Schlange zu erhalten. Reißt eine Schlange, schauen Sie sich mit dem Kind an, warum sie abgerissen ist, und ermöglichen Sie ihm einen neuen Versuch. Begrenzen Sie jedoch von vornherein die Anzahl der Versuche oder den Zeitraum. Im Anschluss dürfen die Kinder Kopf und Körper der Schlange mit Mustern bemalen. Sind alle Kinder fertig, wird ausgemessen, welches Kind die längste Schlange hat.

Das ist der Schlangen-Ehrentanz

Setzen Sie sich nun mit den Kindern in Kreisform und im Schneidersitz auf den Boden. Legen Sie alle Schlangen in die Mitte. Sagen Sie den Kindern, dass Sie für diese schönen Schlangen einen Ehrentanz aufführen möchten. Dafür benötigt man einen Schlangenkopf. Üben Sie hierzu mit den Kindern folgenden Auszählvers.

> *Zum Schlangenspiel*
> *braucht es nicht viel,*
> *nur einen Kopf,*
> *das bist du doch!*

Nachdem der Schlangenkopf ermittelt ist, stellen sich alle Kinder im Kreis auf. Das Spiel wird laut Anleitung und Text in der Anlage gespielt.

Tipp

Das Bemalen der Schlangen eignet sich, um erneut das Thema geometrische Formen aufzugreifen, zu besprechen und umzusetzen.

Förderideen Feinmotorik

Das ist der Schlangen-Ehrentanz

Die Kinder gehen im Kreis und fassen sich an den Händen. Der Schlangenkopf bewegt sich außerhalb des Kreises entgegen der Tanzrichtung. Dazu wird der erste Teil des Liedes gesungen.

Das ist der Schlangen-Ehrentanz, sie kommt vom Berge, aber sie hat verloren ihren Schwanz und möchte ihn wieder haben.

An dieser Stelle bleibt der Kreis stehen. Die Kinder singen weiter.

„Ei, sag mir hier, hast du nicht ein Stück von mir?"

Der Schlangenkopf wählt ein Kind aus und beim letzten Wort „mir" hüpft es mit gegrätschten Beinen vor das ausgesuchte Kind. Dieses schlüpft von vorn nach hinten durch die Beine des Schlangenkopfes und hängt sich an den Schultern an. Nun wird das Lied von neuem begonnen. Das als nächstes ausgesuchte Kind muss dann unter beiden Kindern durchkriechen. Das Spiel wird so lange fortgesetzt, bis sich der Kreis aufgelöst hat.

Der Schlangen-Ehrentanz

Mündlich überliefert aus Schwaben.

Förderideen Feinmotorik

Webbild: Ente

55 Min.

Was wird gefördert?

Auch hier liegt der Schwerpunkt auf der feinmotorischen Geschicklichkeit. Beim Umgang mit der Schere wird das genaue Ausschneiden von Rundungen geübt. Das Weben erfordert genaues Hinsehen, Ausdauer und das Einhalten von Reihenfolgen. Mit einer Entengeschichte wird die sprachliche Aufmerksamkeit der Kinder gefördert.

Was wird benötigt?

- pro Kind ein Stück gelbes Tonpapier für den Entenkorpus
- pro Kind eine Schere
- pro Kind ein Bleistift
- pro Kind 4 rote und 4 blaue Streifen aus Tonpapier (2 cm breit, 20 cm lang)
- Kopiervorlage „Ente"
- Graupappe für zwei bis drei Entenschablonen
- ein schwarzer Filzstift
- Cutter mit Unterlage

So wird es vorbereitet

Vorbereitung der Schablonen und Streifen
(20 Minuten)
Die Kopiervorlage „Ente" wird auf die Graupappe übertragen und ausgeschnitten. Die Webritzen werden so breit mit dem Cutter ausgeschnitten, dass eine Bleistiftmine hineinpasst.
Die Streifen werden mit der Papierschneidemaschine vorbereitet.

Bereitstellen des Materials (5 Minuten)
Die Kinder benötigen Arbeitsplätze am Tisch mit ausreichender Bewegungsfreiheit.

Jetzt geht's los

Entengeschichte
Die Kinder setzen sich in Kreisform im Schneidersitz auf den Boden. Achten Sie darauf, dass zwischen den einzelnen Kindern so viel Platz ist, dass diese die Arme nach beiden Seiten ausstrecken können. Lesen Sie die Geschichte langsam vor. Die Kinder sollen, sobald das Wort „Ente" fällt, laut „Quak" sagen und mit den Armen ein Flügelschlagen imitieren. Klappt das beim ersten Mal noch nicht richtig, wiederholen Sie die Geschichte einfach noch mal.

Webente
Die Kinder sollen mit dem Bleistift die Schablonen auf ihr gelbes Tonpapier übertragen und danach die Ente sorgfältig ausschneiden. Mit einem Cutter werden die Webritzen eingeschnitten. Unterstützen Sie hierbei jedes Kind einzeln, führen Sie am besten die Hand des Kindes. Danach dürfen die Kinder auf beiden Seiten ihren Enten ein Auge aufmalen.
Danach werden die roten und blauen Streifen abwechselnd eingewebt. Hierbei werden einige Kinder Schwierigkeiten haben. Wissen Sie von vornherein, dass es feinmotorisch schwache Kinder gibt, bereiten Sie am besten eine Ente vor, laminieren diese, verwenden z. B. statt acht Streifen nur vier und laminieren auch diese. Diese Ente kann dann beliebig oft benutzt werden, ohne kaputt zu gehen. Sie ersparen damit den schwachen Kindern Frustration und können über die Einheit hinaus Übungsmaterial anbieten.

Tipp

Stellen Sie mit den Kindern gemeinsam einen großen Webrahmen her. Er eignet sich, um dort Naturmaterialien zu verweben. Diese können Sie mit den Kindern selbst bei einem Waldspaziergang sammeln.

Förderideen Feinmotorik

Eine Entengeschichte

Dennis ist fünf Jahre alt und wohnt mit seinen Eltern auf einem Bauernhof. Er mag Tiere, aber am liebsten ist ihm Erna die Ente. So eine Ente ist etwas Tolles, findet Dennis, Enten können schwimmen und an Land gehen. Erna die Ente wohnt in einem kleinen Gehege direkt neben dem Teich.
Dennis hat ein Zimmer im Bauernhof ganz für sich allein. Das Zimmer ist geschmückt mit lauter Entenbildern. Er hat eine Sparente, seine Vorhänge sind voller Enten und über seinem Bett hängt ein Mobile mit lauter kleinen Enten. Aber Bilder sind Bilder und eine echte Ente ist eine echte Ente. Die kann quaken und man kann sie richtig lieb haben.
Wenn Dennis groß ist, will er eine Ente werden. Aber Mama und Papa sagen: „Aus Kindern werden keine Enten, niemals." Wir werden schon sehen, ob ich eine Ente werden kann oder nicht, denkt sich Dennis und lässt sie reden. Vorläufig holt er sich heimlich nachts Erna die Ente und beobachtet sie genau. Er übt wie eine Ente zu watscheln und wie eine Ente zu quaken und er flattert mit den Armen genau wie Erna mit den Flügeln.
Neulich hat er Erna die Ente mit in den Kindergarten genommen. Natürlich besucht Dennis dort die Entengruppe. Alle Entengruppenkinder waren ganz aufgeregt, als die Ente zu Besuch war. Dennis war sehr stolz auf Erna die Ente. Bevor Dennis seine Ente mit nach Hause nahm, wurde noch rasch ein Bild von allen Entenkindern samt Erna der Ente gemacht. Das Bild hängt jetzt in der Entengruppe an der Tür und natürlich über Dennis' Bett. Manchmal schaut Dennis das Bild an und stellt sich vor, er wäre Erna die Ente. „Wir werden schon sehen", murmelt er dann vor sich hin.

Förderideen Feinmotorik

Ente

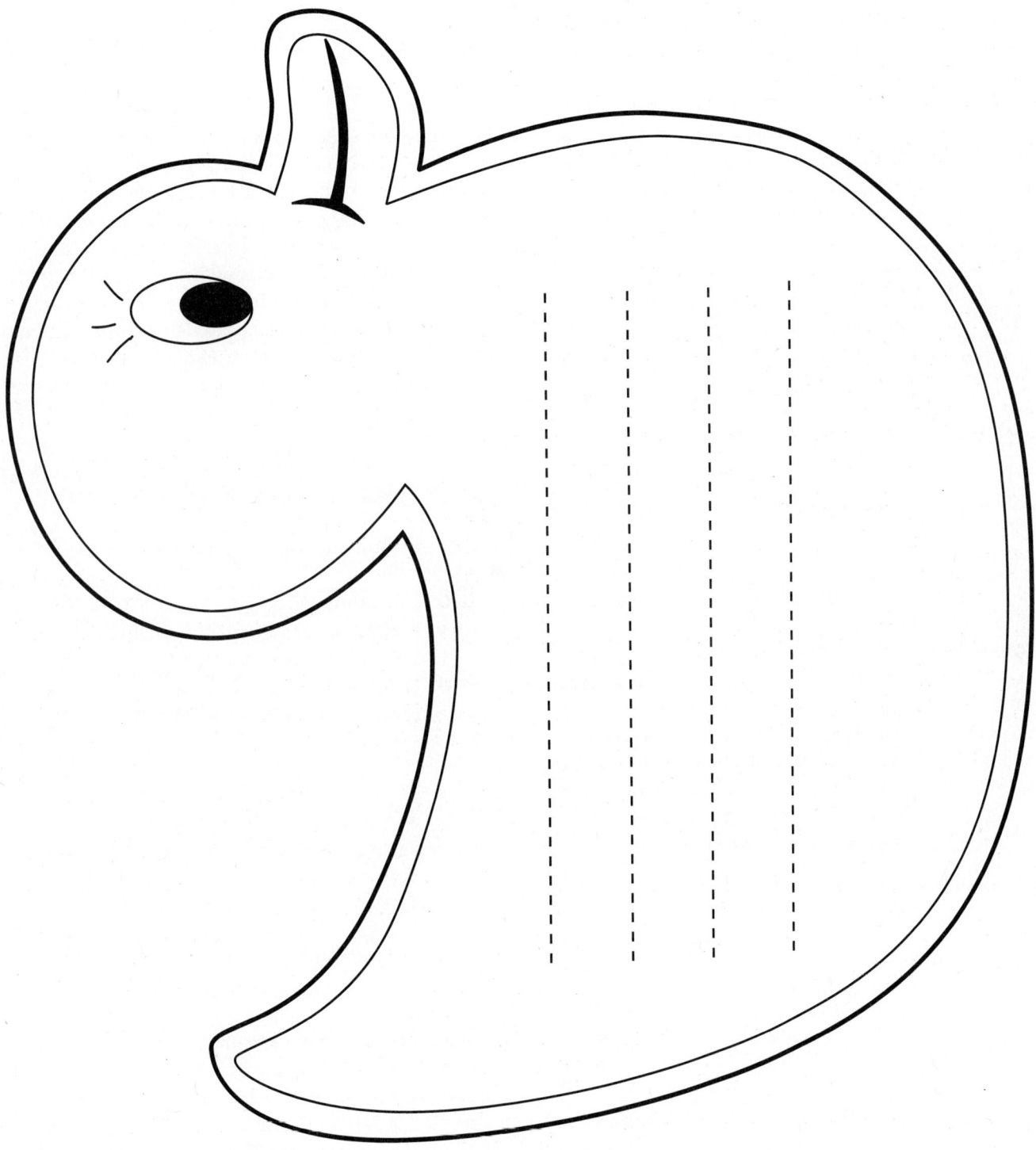

Förderideen Feinmotorik

Faltbuch 1

45 Min.

Was wird gefördert?

Die Falttechniken werden in eine Geschichte eingebunden und somit das Textverständnis der Kinder gefördert. Beim Falten von Papier müssen die Kinder nicht nur genau hinsehen, sie benötigen darüber hinaus ein gutes Zusammenspiel beider Hände und müssen sorgfältig arbeiten, um ein befriedigendes Ergebnis zu erzielen. Die geometrischen Formen werden wieder aufgegriffen.

Was wird benötigt?

- pro Kind ein Bogen Tonpapier der ringsum einen Zentimeter größer als DIN A4 ist
- pro Kind 6 Blätter farbiges Kopierpapier DIN A4
- pro Kind eine Kopie der Geschichte „Das traurige Quadrat"
- pro Kind Buntstifte in den Basisfarben
- pro Kind vier Faltblätter 14 x 14 cm
- pro Kind ein Klebestift

So wird vorbereitet

Herstellung eines Faltbuches
(pro Buch 10 Minuten)
Falten Sie das farbige Tonpapier zur Mitte. Die sechs bunten Papierbogen werden ebenfalls mittig gefaltet und in das Tonpapier gelegt. Mit dem Hefter wird entlang der Faltkante das Papier mehrfach fixiert, sodass Sie ein kleines Buch erhalten. Titel und Textseiten werden entsprechend der Kennzeichnung ausgeschnitten und eingeklebt. Stellen Sie sich ein eigenes, komplett ausgestaltetes Exemplar her.

Bereitstellung des Materials (5 Minuten)
Die Kinder benötigen einen ausreichend großen Arbeitsplatz am Tisch. Sorgen Sie für eine reizfreie Umgebung. Faltpapier, Buntstifte und Klebestifte werden am Tisch bereitgelegt.

Jetzt geht's los

Geschichte vom traurigen Quadrat
Nehmen Sie mit den Kindern die Arbeitsplätze am Tisch ein. Lesen Sie aus Ihrem eigenen Faltbuch langsam die Geschichte vom traurigen Quadrat vor. Schauen Sie sich mit den Kindern die jeweils passenden Faltbilder an. Die Kinder sollen versuchen die Geschichte nachzuerzählen. Je nach Gruppe können Sie hierfür die Geschichte in einzelne Abschnitte gliedern.

Faltbuch
Beginnen Sie erneut mit der Geschichte. Lesen Sie den ersten Teil: „Es war einmal ein kleines Quadrat. Das Quadrat war ganz traurig, denn niemand wollte mit ihm spielen." An diese Stelle lassen Sie die Kinder auf das erste Faltblatt ein ganz trauriges Gesicht malen. Dieses Blatt wird auf das Deckblatt des Buches geklebt. Lesen Sie nun jeweils den Text einer Seite bis zum Ende. Machen Sie die Falttechnik vor und lassen Sie diese dann von den Kindern ausführen.

- Seite 1, Quadrat:
  Hier wird ein ungefaltetes Faltpapier aufgeklebt.
- Seite 2, Kopftuch:
  Hier wird ein Faltpapier diagonal von einer Spitze zur gegenüberliegenden gefaltet.
  Das entstandene Kopftuch wird auf der Seite eingeklebt.
- Seite 3, Briefumschlag:
  Hierzu falten Sie das Quadrat zum Buch, öffnen es und falten es auf der andern Seite wieder zum Buch, sodass ein Kreuz entsteht. Öffnen Sie das Quadrat wieder und falten alle vier Ecken zur Mitte hin.

Tipp

Haben die Kinder Freude an der Falttechnik, so gibt es viele Erweiterungsmöglichkeiten. Lassen Sie diese Flugzeuge und Schiffe falten. Binden Sie die gebastelten Spielzeuge ein, machen Sie Weitflugspiele oder Lichterfahrten auf einem Bach. Die Kinder können sich selbst eine Kinderpost bauen und vieles andere mehr.
Kinder benötigen oft Gelegenheitsspielzeuge. Durch einfache Faltvorgänge können sich die Kinder das Gewünschte in kurzer Zeit selbst herstellen. Oberstes Ziel aller Aktivitäten ist immer, dass die Kinder erlernte Techniken in ihren Alltag übernehmen und auf andere Aktivitäten übertragen können.

Förderideen Feinmotorik

Faltbuch 2

⏱ 45 Min.

Was wird gefördert?

Siehe Faltbuch Teil 1

Was wird benötigt?

- pro Kind, mindestens 7 Faltblätter 14 x 14 cm
- pro Kind ein Klebestift
- pro Kind Buntstifte in den Basisfarben
- die bereits begonnenen Faltbücher der Kinder

So wird es vorbereitet

Bereitstellung des Materials (5 Minuten)
Die Kinder benötigen einen ausreichend großen Arbeitsplatz am Tisch. Sorgen Sie für eine reizfreie Umgebung. Faltpapier und Klebestifte werden am Tisch bereitgelegt.

Jetzt geht's los

Geschichte vom traurigen Quadrat und Weiterführung des Faltbuches
Lassen Sie zunächst die Kinder erzählen, was sie noch von der Geschichte wissen. Lesen Sie bis zum Ende der vierten Seite. Verfahren Sie nun wieder wie bei Teil 1: Sie lesen einen Abschnitt, machen die Falttechnik vor, die Kinder führen diese aus und kleben ihr Faltbild ein.

- Seite 4, Taschentuch:
  Das Papier wird in der Mitte zum Buch und auf der entstehenden Längsseite nochmals zum Buch zur Mitte gefaltet. Das kleine quadratische Taschentuch wird eingeklebt.
- Seite 5, Kleiderschrank:
  Das Quadrat wird zum Buch gefaltet. Öffnen Sie das Buch und falten beide Seiten zum Mittelbruch.

- Seite 6, Umhang:
  Falten Sie das Quadrat über Kreuz zweimal zum Buch und öffnen Sie es wieder danach zum Kopftuch. Die beiden Spitzen werden über die benachbarte Faltlinie gezogen, sodass sie über das Papier hinausstehen und Faltkante auf Faltlinie aufliegt.
- Seite 7, Haus:
  Falten Sie ein Buch und öffnen es wieder. Zwei Ecken werden zum Mittelbruch gelegt.
- Seite 8, Schiff:
  Falten Sie über Kreuz zweimal ein Kopftuch und öffnen das Blatt wieder. Nehmen Sie zwei Ecken und falten diese jeweils zum entstanden Faltkreuz in der Mitte. Falten Sie nun das Schiff entlang der Mittellinie zusammen.
- Seite 9, Buch:
  Das Quadrat wird zum Buch gefaltet.
- Seite 10, Faltlinienquadrat:
  Falten Sie nun jeweils zweimal ein Kopftuch und zweimal ein Buch über Kreuz und kleben das geöffnete Quadrat ein.
- Seite 11, Lachendes Quadrat:
  Nun wird auf ein Faltpapier ein lachendes Gesicht gemalt.

Tipp

Falten ist eine Tätigkeit, die zur Ruhe und Konzentration führt. Die Technik zwingt die Kinder zur Genauigkeit und beruht auf der Wiederholung ständig wiederkehrender Faltgänge und fortschreitender Unterteilung. Gesetzmäßigkeiten müssen erkannt und beachtet werden. Für gute Faltergebnisse unterliegen die Kinder einem gewissen Zwang zur Gleichmäßigkeit und gerader Kantenführung.

Förderideen Feinmotorik

Das traurige Quadrat

Seite 1
Es war einmal ein kleines Quadrat. Das Quadrat war ganz traurig, denn niemand wollte mit ihm spielen. „Ach", seufzte es, „wäre ich doch so schlank wie mein Bruder Rechteck oder so rund wie mein Vetter Kreis. Das wäre schön! Dann hätte ich jede Menge Spaß! Besäße ich doch die herrlichen Spitzen von meiner kleinen Schwester Dreieck. Damit könnte ich wunderbar spielen. Aber, ach, all meine Seiten sind gleichlang und langweilig." Das kleine Quadrat gähnte, legte sich ins Bett und schlief tieftraurig ein. Im Traum erschien ihm der Zauberer Funkelhut und sprach: „Liebes kleines Quadrat, warum bist du denn so traurig? Kann ich dir vielleicht helfen?"

Seite 2
„Oh bitte schön, Herr Zauberer, lass mich nicht länger ein langweiliges Quadrat sein. Bitte verwandle mich in ein lustiges, spitzes Dreieck!" „Was heißt hier Dreieck?", sagte der Zauberer. „Ein Kopftuch sollst du werden! Das kommt mir sehr gelegen. Ich verschenke dich an meine Freundin, die Hexe Wackelzahn. Vielleicht nimmt sie dann meine Einladung an, mit mir die alte Mühle am See zu durchstöbern. Ich will da nach einem verborgenen Schatz suchen. Leider will die Hexe nicht mitkommen, weil es dort immer so windig ist!" Und im Nu verwandelte der Zauberer das kleine Quadrat in ein Kopftuch.

Seite 3
Dann nahm er Feder und Tinte und schrieb der Hexe Wackelzahn einen Brief. „Liebe Freundin!", schrieb er, „warte auf mich beim nächsten Vollmond an der alten Mühle." Aber der Zauberer hatte gar keinen Umschlag zur Hand. Und so verzauberte er einfach das kleine Quadrat in einen Briefumschlag.

Seite 4
„Was soll das?", rief die Hexe, als sie den Brief las. „Habe ich mir nicht im letzten Winter dort diesen entsetzlichen Schnupfen eingefangen, den ich gar nicht mehr los werden kann? Und dann musste die Hexe entsetzlich niesen. Sie suchte überall nach einem Taschentuch, konnte aber keines finden. So verwandelte sie mit einen Zauberspruch einfach den Briefumschlag in ein sauber gefaltetes Taschentuch.

Seite 5
Also gut, dachte die Hexe, dann gehe ich halt. Aber zunächst suche ich mir etwas Warmes zum Anziehen. Sie durchsuchte ihren Kleiderschrank. Dem kleinen Quadrat gefiel es überhaupt nicht ein Taschentuch zu sein und wackelte heftig in der Schürzentasche. Die Hexe wunderte sich und zog es heraus. „Möchtest du lieber ein Kleiderschrank sein?", fragte die Hexe freundlich. Das Quadrat raschelte aufgeregt. Und so wurde es ein Kleiderschrank.

Seite 6
Die Hexe merkte schon bald, in ihrem Schrank war nichts Passendes zu finden. Dabei wünschte sie sich einen weichen, warmen, blitzsauberen und kuscheligen Umhang. Aber in ihrem Schrank waren nur wilde, zerrissene und nicht gerade saubere echte Hexenmäntel. Als dann ihr Blick auf das kleine Quadrat, das inzwischen ein Kleiderschrank war, fiel, verwandelte sich dieses wie von selbst in den wundervollsten Umhang, den sie je hatte.

Seite 7
Dann schaute sie durch ihr Fenster. Der Mond stand voll und rund am Himmel. Es war Zeit, sich auf den Weg zu machen. Erwartungsvoll schlich sie aus dem Haus. Das kleine Quadrat dachte sich, vielleicht könnte ich auch ein Haus sein.

Seite 8
Am See angekommen hexte die Hexe ein Schiff. Damit ruderte sie dem Zauberer entgegen.

Seite 9
Der wartete schon am Ufer. Kurze Zeit später fanden sie einige Goldstücke und wunderschön glitzernden Schmuck. Ganz unten lag ein verstaubtes Buch.

Seite 10
Vorsichtig und ganz aufgeregt öffneten der Zauberer und die Hexe das Buch. „Potzblitz!", staunte der Zauberer, „hier ist ein Zauberquadrat aufgeklebt. Sieh nur die vielen Linien!" „Wie interessant und geheimnisvoll!", rief die Hexe Wackelzahn.

Seite 11
Da erwachte das kleine Quadrat aus seinem Traum und rieb sich die Augen. „Was habe ich da geträumt? Soll all das, was ich gesehen habe, aus einem einzigen Quadrat zu falten sein? Dann steckt das ja alles in mir: das Kopftuch, der Brief, das Taschentuch, der Kleiderschrank und der Umhang. Und wenn ich mir ein bisschen Mühe gebe, kann ich auch ein Haus, ein Schiff und das Buch mit dem Zauberquadrat sein. Nun werde ich ganz bestimmt Kinder finden, die mit mir spielen und mich in all diese schönen Dinge verwandeln."
Vor lauter Freude und Aufregung bekam das kleine Quadrat ganz rote Backen und lachte vor Vergnügen.

Förderideen Feinmotorik

Ergänzungen zum Thema

Spiele zum Selbermachen

Zaubertrick Ansichtskarte
Behaupten Sie, Sie seien ein Zauberer und könnten durch eine Ansichtskarte schlüpfen. Lassen Sie die Ansichtskarte herumgehen und sie die Kinder betrachten. Falten Sie dann die Ansichtskarte so, dass sie der Länge nach halbiert ist. Schneiden Sie die Karte nun abwechselnd von der Faltkante und dem offenen Kartenrand so ein, dass jeweils 1 cm stehen bleibt. Am Faltbruch wird nun so aufgeschnitten, dass die beiden äußeren Stege stehen bleiben. Danach ziehen Sie die Karte auseinander und steigen vorsichtig durch. Die Kinder dürfen sich im Anschluss selbst durch ein DIN-A4-Blatt zaubern.

Schlange schneiden
Die bei der Reißtechnik beschriebene Methode eine Schlange herzustellen, wird mit der Schere durchgeführt (s. S. 85).

Bilder aus Katalogen ausschneiden

Fingerspiele
Alle Fingerspiele sind feinmotorische Übungen. Dem engen Zusammenhang von Sprache und Feinmotorik wird hier in besonderen Maße Rechnung getragen.

Fachbuch für erweiterte Spielangebote

Pauli, S., Kirsch, A.: Geschickte Hände. Feinmotorische Übungen für Kinder in spielerischer Form. Verlag Modernes Lernen, 2003.

Spiele im Handel

Alle angegebenen Spiele und Materialien werden von verschiedenen Herstellern angeboten.
Motorikschlaufen
Webrahmen
Große Handkreisel
Jojo
Käsebrett
Mikado
Fädelraupe
Stapelmännchen
Große und kleine Perlen
Steckbilder
Bügelperlen

Förderideen Graphomotorik

Merkzettel

Die Pfeiler einer guten Graphomotorik sind Körperhaltung, Stifthaltung, Auge-Hand-Koordination und feinmotorische Geschicklichkeit.

Eine gute Körperhaltung ermöglicht ein harmonisches Zusammenspiel von Haltung und Bewegung und macht es möglich, Arme und Hände unabhängig vom Rumpf zu bewegen.

Richtige Sitzhaltung
- Auf dem Stuhl nach vorn rutschen.
- Beide Beine hüftbreit auf dem Boden.
- Becken nach vorne kippen (Keilkissen).
- Oberkörper groß machen.
- Arme locker auf dem Tisch ablegen.

Ein Kind das feinmotorische Auffälligkeiten zeigt, hat in der Regel Schwierigkeiten bei der Graphomotorik und umgekehrt. Diesen Kindern kann gerade in dieser Altersgruppe durch Ergotherapie sehr geholfen werden.

Die Kinder lernen von vornherein die richtige Stifthaltung und müssen sich später nicht mühsam hinderliche Stifthaltungen abgewöhnen.

Die so geschaffenen Grundlagen ermöglichen dem Kind, sich schneller auf den Inhalt der geschriebenen Sprache zu konzentrieren. Position vormachen. Korrekturen am Kind vornehmen, d.h. auf zu viel mündliche Anweisung verzichten.

Richtige Stifthaltung: Dreipunktgriff
- Zeigefinger und Daumen greifen den Stift (2–3 cm hinter der Stiftspitze),
- der Mittelfinger stützt den Stift von unten,
- die übrigen Finger in die Handfläche legen,
- die Hand an der Kleinfingerseite auf dem Tisch ablegen,
- Unterarm bleibt auf dem Tisch liegen,
- den Stift locker in die Grube zwischen Daumen und Zeigefinger fallen lassen.

Während der mündlichen Anweisung Haltung vormachen. Dreikant-Griff-Hilfen verdeutlichen die Demonstration.

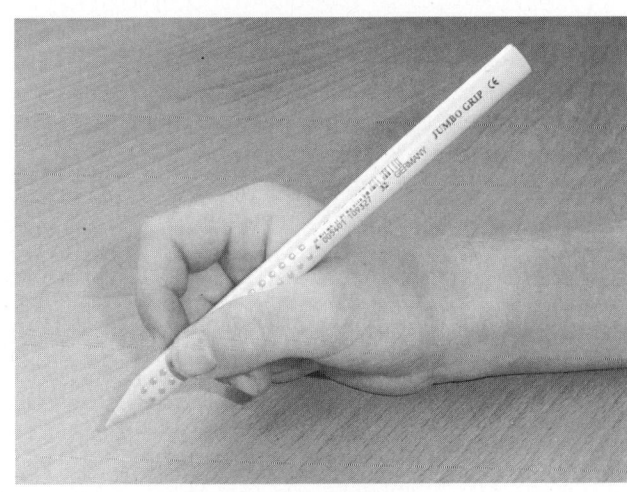

Förderideen Graphomotorik

Das linkshändige Kind

Am besten verwenden Sie eine Linkshänderunterlage von Barbara Sattler (s. S. 101). Diese ermöglicht dem Kind ein optimales Zusammenspiel von Stifthaltung, Körperhaltung und Lage des Blattes zu entwickeln. Dadurch wird verhindert, dass sich das Kind eine sogenannte Hakenhand angewöhnt, um sein eigenes Schriftbild lesen zu können.

Das Blatt soll leicht nach rechts gekippt sein im Winkel von 30 Grad.
Der Dreipunktgriff sollte spiegelverkehrt zu den rechtshändigen Kindern sein, besonders genau korrigieren.
Das Kind sollte nach links genügend Bewegungsfreiraum haben. Bei den Schwungübungen mit dem Kind bewusst die Rechtsläufigkeit beachten.

Förderideen Graphomotorik

Einführung in die Schwungübungen

50 Min.

Was wird gefördert?

Eine gute Körperhaltung ermöglicht dem sitzenden Kind die volle Arbeitsfunktion von Armen und Händen. Die Bedeutung der Sitzhaltung soll dem Kind also bewusst gemacht werden, bevor es sich eine ungünstige Arbeitshaltung angewöhnt. Die Finger werden mit einem Fingerspiel vor den Schwungübungen gelockert.

Was wird benötigt?

- pro Kind eine Schwungübung „Liegende Acht"
- pro Kind ca. 8 gleich große Bauklötze
- Birnenwachsmalstifte
- dicke Buntstifte
- Bleistifte und Buntstifte in Normgröße
- Klebeband
- CD-Player
- Entspannungsmusik

So wird es vorbereitet

Schwungübungen kopieren (5 Minuten)
Kopieren und vergrößern Sie für jedes Kind einmal die Kopiervorlage „Liegende Acht".

Bereitstellung des Materials (5 Minuten)
Sorgen Sie für ausreichend große Arbeitsplätze am Tisch. CD-Player mit Entspannungsmusik wird bereitgestellt. Klebeband, Schwungübungen und Stifte auf die Tische legen.

Jetzt geht's los

Finger aufwärmen mit einem Fingerspiel (s. S. 99).
Nehmen Sie mit den Kindern die Arbeitsplätze am Tisch ein. Bei dem Spiel wird die Bewegung passend zum Text ausgeführt.

Einführung Sitzhaltung: Turmbau
Teilen Sie jedem Kind etwa acht Bauklötze aus. Fordern Sie die Kinder auf, den Kopf mit einer Hand zu stützen und sich ganz gemütlich hinzusetzen. Nun sollen sie aus all ihren Bauklötzen einem Turm bauen. Danach sollen die Kinder den Turm mit beiden Händen bauen. Die Kinder sollen dabei gerade auf dem Stuhl sitzen.
Besprechen Sie nun mit den Kindern ihre Erfahrungen mit den beiden Arbeitsgängen.

Arbeiten Sie mit ihnen heraus, wie wichtig eine gute Haltung ist, um mit den Händen arbeiten zu können.

> **Tipp**
> Haben die Kinder Schwierigkeiten beim Einnehmen der Körperhaltung, verzichten Sie auf zusätzliche verbale Anweisungen. Gehen Sie zum Kind und korrigieren Sie am Körper des Kindes direkt.

Sitzhaltung
Lassen Sie die Kinder vom Tisch 50 cm wegrücken. Sagen Sie zu den Kindern: „Ich zeige euch nun, wie man sich richtig auf einen Stuhl setzt! Macht am besten gleich mit!" Nehmen Sie sich viel Zeit. Machen Sie Pausen zwischen den einzelnen Anweisungen.

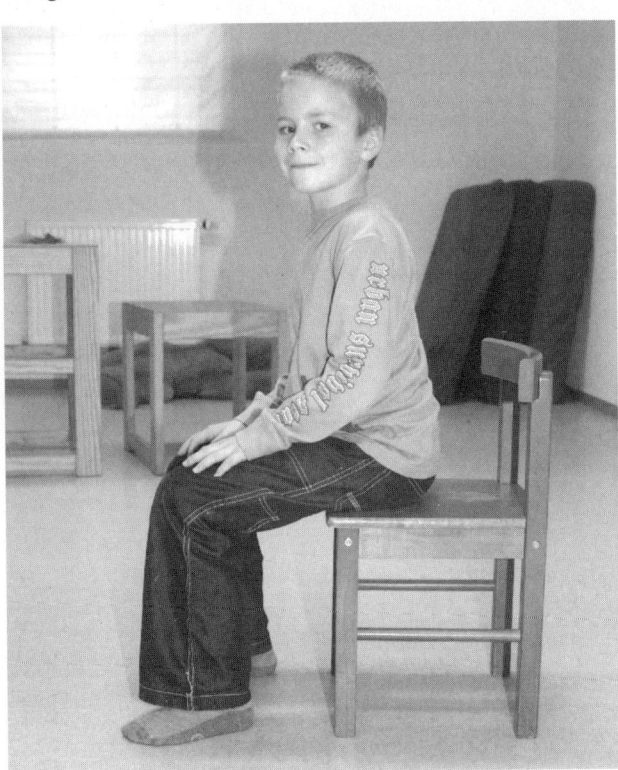

- „Rutscht auf dem Stuhl nach vorne, sodass gerade noch der Po auf dem Stuhl sitzt.
- Schaut mal, das ist das Becken. Genauso breit wie dieses ist, sollt ihr eure Beine machen. Die Füße versteckt ihr dabei unter den Knien.

Förderideen Graphomotorik

- Wisst ihr noch, wo das Becken ist? Fühlt mal, da ist ein ganz harter Knochen, legt die Hände darum und schiebt mal ein bisschen nach vorn. Merkt ihr was?
- Nun müsst ihr euch nur noch vorstellen, ihr seid eine Marionette, das ist eine Puppe, die an Seilen aufgehängt ist. So ein Seil ist direkt auf eurem Kopf befestigt und zieht euch gerade nach oben, sodass ihr ganz groß und gerade sitzt.
- Macht die Augen zu und versucht euch genau zu merken, wie ihr sitzt. Lasst euch Zeit dabei.
- Rutscht jetzt nach vorne an den Tisch und versucht euch wieder genau so hinzusetzen. Euer Bauch darf den Tisch berühren.
- Die Hände dürft ihr auf den Tisch legen und zwar so, dass ihr mit den Ellbogen jederzeit euren Tischnachbarn stupsen könntet.
- So zu sitzen wollen wir üben. Am Anfang ist das schwierig. Mit der Zeit wird dies aber genauso gemütlich, wie wenn ihr euch den Kopf haltet."

Problemstellung linkshändiges Kind

Klären Sie unbedingt ab, ob in der Gruppe ein linkshändiges Kind ist, bevor Sie die Schwungübungen austeilen. Hier ist es wichtig, die Schwungübung von vornherein richtig zu positionieren. Am besten verwenden Sie eine Linkshänderunterlage von Barbara Sattler (s. S. 101) oder befestigen Sie das Blatt des Kindes leicht nach rechts gekippt im Winkel von 30 Grad. Das Kind sollte nach links genügend Bewegungsfreiraum haben.

> **Tipp**
>
> Um linkshändige Kinder an eine Schreibhaltung zu gewöhnen, die es ihnen ermöglicht, ohne zu verwischen zu schreiben, ist es wichtig, jedes Kind rechtzeitig auf diese Schreibhaltung vorzubereiten.

Schwungübung „Liegende Acht"

Befestigen Sie nun die Schwungübungen der Kinder ca. 7 cm von der Tischkante entfernt mit Klebeband. An Ihrem eigenen Blatt zeigen Sie den Kindern, wie sie die Blätter bearbeiten sollen. Die Kinder sollen mit dem Stift auf den Linien entlangfahren.
Dabei ist wichtig, dass die Kinder den Stift über die Kreuzungen führen und die vorgegebene Reihenfolge einhalten. Auf der Mittellinie sollen sie nicht anhalten.
Sagen Sie den Kindern, dass es noch nicht so wichtig ist, genau zu arbeiten, sondern dass die Bewegun-

gen Schwung haben sollen. Die Entspannungsmusik wird eingelegt und die Kinder dürfen verschiedene Stifte ausprobieren.
Ermuntern Sie die Kinder liebevoll, immer wieder an ihre Körperhaltung zu denken. Üben Sie keinen Zwang aus.
Die Kinder werden zunächst auch nur kurzfristig in der Lage sein die Position einzunehmen. Vor allem aber sollen sie eine gute Körperhaltung als etwas Positives erleben.

> **Tipp**
>
> Die Überkreuzung der Mittellinie regt die Zusammenarbeit beider Hirnhälften an. Die „liegende Acht" eignet sich hierfür besonders gut.
> Sie können die Kinder mit Straßenkreide an der Tafel oder mit Rasierschaum am Spiegel und in vielen weiteren Varianten arbeiten lassen.
>
> Ideal wäre es, wenn die volle Spannweite der Arme eines Kindes genutzt werden würde, ohne dass es gezwungen wird seine Arbeitsposition zu wechseln.

Fingerspiel „Diese schlimmen Finger"

Das Spiel wird folgendermaßen durchgeführt. Die Kinder legen beide Hände leicht gespreizt auf den Tisch. Wird der jeweilige Finger im Vers genannt, tippt dieser mehrfach auf den Tisch, ohne dass die restliche Hand vom Untergrund abgehoben wird.

Die Übung kann wahlweise mit der dominanten Hand des Kindes (die andere bleibt dann ruhig auf dem Tisch liegen) oder als Steigerung mit beiden Händen gleichzeitig durchgeführt werden. Sie dient dem Aufwärmen der Finger vor Schwungübungen.

Das sind meine Schlingelfinger. Ganz wunderliche, freche Dinger.	Alle Finger zappeln lassen, und danach beide Hände mit leicht gespreizten Fingern auf dem Tisch ablegen.
Der Daumen dieser Grobian,	Mit dem Daumen auf den Tisch tippen.
schubst den Zeigefinger an.	Mit dem Zeigefinger auf den Tisch tippen.
Der Zeigefinger durch den Stoß hüpft dem Mittelfinger auf den Schoß.	Mit dem Mittelfinger auf den Tisch tippen.
Der Mittelfinger ganz spontan rempelt den Ringfinger an.	Mit dem Ringfinger auf den Tisch tippen.
Dieser doch beschweret sich beim kleinen Finger Mäuserich.	Mit dem kleinen Finger streichen wir zart über den Tisch.
Nun das ist allerhand, sagt da meine flache Hand.	Die flachen Hände schlagen laut auf den Tisch.

Förderideen Graphomotorik

Liegende Acht
Auf DIN A3 vergrößern.

Förderideen Graphomotorik

Linkshänderunterlage

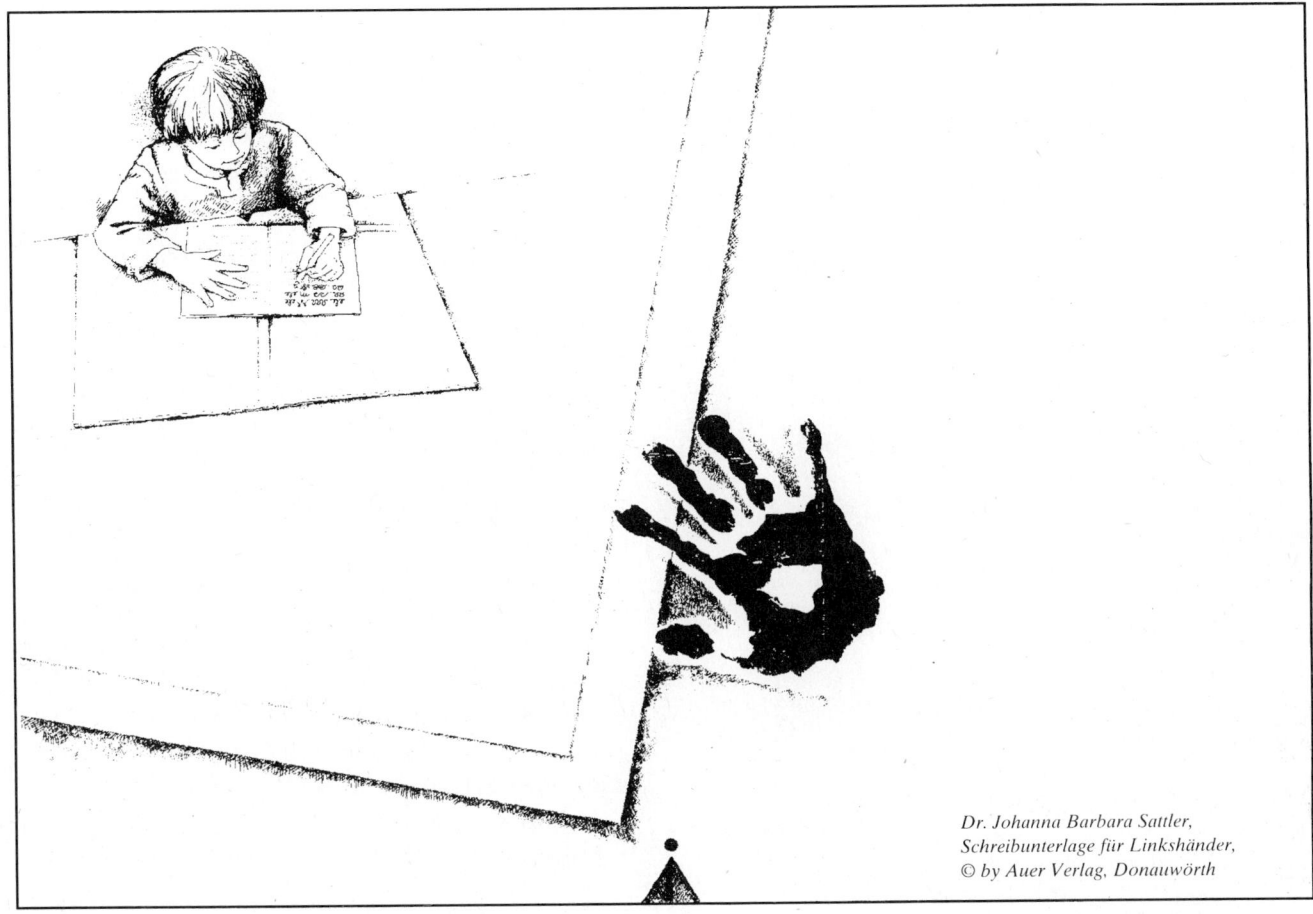

Dr. Johanna Barbara Sattler,
Schreibunterlage für Linkshänder,
© by Auer Verlag, Donauwörth

Die Linkshänderunterlage zeigt Ihnen, in welchem Winkel das Blatt auf dem Schreibtisch liegen sollte, damit das linkshändige Kind „von unten", d.h. ohne verkrampfte Hakenhand-Haltung schreiben kann.

Das Blatt oder Heft liegt links von der Mittelachse des Kindes und wird von der rechten Hand im richtigen Winkel festgehalten.
Das Kind im Beispiel zeigt die richtige Schreibhaltung.

Förderideen Graphomotorik

50 Min.

Handgelenksrotation und Stifthaltung

Was wird gefördert?
Um feine Bewegungen aus dem Handgelenk und den Fingern zu steuern, braucht man runde, harmonische Bewegungsmuster. Mit dem Aufwickeln von Garn und Wolle kann dies wunderbar gefördert werden. Die richtige Stifthaltung wird eingeführt.

Was wird benötigt?
- pro Kind eine leere Fadenrolle
- pro Kind 2 m Stickgarn
- pro Kind eine Urkunde „Fadenwickelspiel"
- pro Kind ein Birnenwachsmalstift
- pro Kind eine „Schwungübung Welle"
- dicke Buntstifte
- dünne Buntstifte
- Stoppuhr
- Klebeband
- Linkshänderunterlage

So wird es vorbereitet

Vorbereitung der Garnrollen (pro Rolle 3 Minuten)
Wickeln Sie auf eine alte Garnrolle 2 m Stickgarn auf. Verknoten Sie diese am Anfang gut.

Schwungübungen kopieren (5 Minuten)
Kopieren und vergrößern Sie die Kopiervorlage „Schwungübung Welle" auf DIN A3 für jedes Kind einmal.

Bereitstellung des Materials (5 Minuten)
Sorgen Sie für ausreichend große Arbeitsplätze am Tisch. Denken Sie an die Arbeitsplätze für linkshändige Kinder. Klebeband, Schwungübungen, Griffhilfen und Stifte werden an den Tischen bereitgelegt.

Jetzt geht's los

Fadenwickelspiel
1. Die Kinder setzen sich an den Tisch. Die Ellbogen werden auf dem Tisch aufgestützt. Das ist wichtig, um die Bewegung auf die Handgelenke zu beschränken.
2. Nun wird der Faden abgerollt und wieder aufgerollt. Es wird so lange geübt, bis alle Kinder die Technik beherrschen.
3. Nach einer gewissen Übungsphase wird bei jedem Kind einzeln mit der Stoppuhr gemessen, wie lange es benötigt, die 2 m aufzuwickeln. Werden die Ellbogen vom Tisch abgehoben, muss das Kind neu beginnen.
4. Alle Kinder erhalten eine Urkunde, auf der die Fadenlänge und die benötigte Zeit eingetragen werden.

Dieses Spiel kann auch als Wettspiel gespielt werden. Allerdings sollte es sich dann um eine homogene Leistungsgruppe handeln. Sind deutlich schwächere Kinder dabei, spielen Sie lieber nicht um die Wette. Anhand der Zeiten werden fitte Kinder sowieso schnell ermitteln, wer der oder die Beste war.

Sitzhaltung wird wiederholt
Bevor Sie erneut die Anweisung zur Sitzhaltung geben, fragen Sie die Kinder, ob sie sich noch erinnern können, wie man am besten beim Arbeiten auf dem Stuhl sitzt. Verkürzen Sie die Anweisung auf folgende Punkte:
- „Rutscht auf dem Stuhl nach vorne,
- beide Beine hüftbreit auf den Boden,
- Becken nach vorne kippen,
- Oberkörper groß machen,
- Arme locker auf dem Tisch ablegen."

Stifthaltung wird eingeführt
Sagen Sie zu den Kindern:
- „Manche von euch halten den Stift schon ganz richtig. Zum Schreiben müsst ihr später ganz feine Bewegungen machen. Deshalb darf man dann den Stift nur noch mit den Fingern halten und nicht mehr mit der Faust. Zum Halten mit

Förderideen Graphomotorik

den Fingern eignen sich am besten der Daumen und der Zeigefinger und von unten hilft der Mittelfinger. Ich zeig euch das mal! (Während Sie die Arbeitsanweisung vorlesen, nehmen Sie Schritt für Schritt die Stifthaltung ein.)
- Euer Zeigefinger und euer Daumen greifen den Stift, schaut mal ungefähr so weit von der Spitze entfernt (2–3 cm).
- Der Mittelfinger kommt von unten zu Hilfe.
- Die übrigen Finger verstecken sich in der Handfläche.
- Die Hand legt ihr nun auf der Seite des kleinen Fingers auf den Tisch.
- Schaut mal, hier in diese kleine Grube lasst ihr den Stift ganz locker fallen."

Die Kinder dürfen nun mit verschiedenen Stiften die Stifthaltung ausprobieren.

Schwungübung Welle

Räumen Sie alle anderen Stifte weg und lassen Sie nur die Birnenwachsmalstifte auf dem Tisch liegen. Bei diesen Stiften sind die Kinder gezwungen – zwar nicht den Dreipunktgriff anzuwenden – aber die Stifte mit den Fingerspitzen zu halten.

Befestigen Sie nun wieder die Schwungübungen der Kinder ca. 7 cm von der Tischkante entfernt mit Klebeband. Die Kinder sollen sechsmal mit einer Farbe die Linien des Arbeitsblattes nachfahren. Danach werden die Stifte weitergereicht. Die Kinder sollten mit mindestens vier Farben arbeiten. Sie sollten sich zwar bemühen genau zu arbeiten, entscheidend sind aber der Bewegungsfluss und das Einhalten der Reihenfolge.

> **Tipp**
>
> Kinder lieben Urkunden. Bei den Lerneinheiten zur Graphomotorik wird von den Kindern nun das Arbeiten am Tisch gefordert. Das bereitet ihnen noch Mühe. Verstärken Sie die Motivation hier mit den Urkunden zur Mitarbeit, zur Konzentration und zum Sozialverhalten.

Förderideen Graphomotorik

Schwungübung Welle
Auf DIN A3 vergrößern.

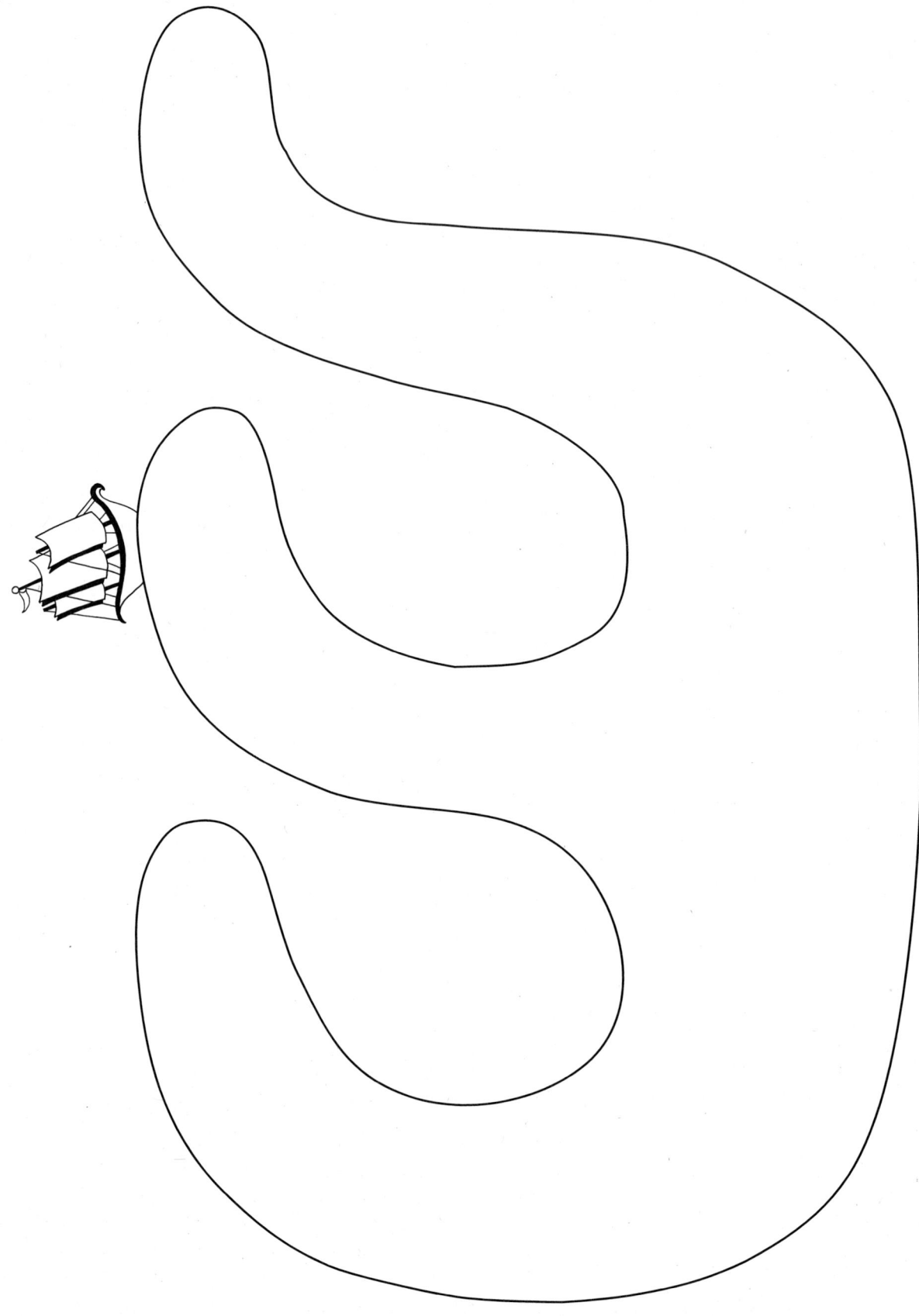

© Ernst Klett Verlag, Stuttgart, 2004. Von dieser Druckvorlage ist die Vervielfältigung für den eigenen Gebrauch gestattet. Entnommen aus „Fit für die Grundschule", ISBN 3-12-010101-X

Förderideen Graphomotorik

Schwungübung Wellenreiter

40 Min.

Was wird gefördert?

Die eingeführte Sitzhaltung wird nun umgesetzt und vertieft. Die Stifthaltung wird bei Kindern, die den Dreipunktgriff noch nicht beherrschen, mit Schreibhilfen angebahnt. Bei den Schwungübungen kommt nun zum Schreibelement „Bögen" das Element „Schlaufen" hinzu. Die Kinder werden zunehmend zum Arbeiten am Tisch hingeführt. Mit dem Spiel „Kommando Pimperle" werden die Fingerfertigkeit sowie die auditive Aufmerksamkeit trainiert.

Was wird benötigt?

- pro Kind eine „Schwungübung Wellenreiter"
- Birnenwachsstifte
- dicke Buntstifte
- verschiedene Schreibhilfen
- Klebeband
- Linkshänderunterlage
- leere Blätter DIN A3

So wird es vorbereitet

Schwungübungen kopieren (5 Minuten)
Kopieren und vergrößern Sie die Kopiervorlage „Schwungübung Wellenreiter" für jedes Kind einmal auf DIN A3.

Bereitstellung des Materials (5 Minuten)
Sorgen Sie für ausreichend große Arbeitsplätze am Tisch. Denken Sie an die Arbeitsplätze für linkshändige Kinder. Klebeband, Schwungübungen, Schreibhilfen und Stifte werden an den Tischen bereitgelegt.

Jetzt geht's los

Warmmachen am Tisch / Kommando Pimperle
Der Spielleiter ruft immer wieder neue Kommandos aus und macht die Bewegungen mit. Lässt er aber das Wort „Kommando" weg, so darf die neu ausgerufene Bewegung nicht ausgeführt werden, sondern die vorangegangene muss fortgesetzt werden. Das Verwirrende ist, dass der Spielleiter selbst die neu ausgerufenen Bewegung ausführt. Wer sich irrt und hereinfällt, muss selbst die Kommandos erteilen.

Kommando Pimperle:
Alle schlagen mit dem Zeigefinger auf die Tischplatte.

Kommando Faust:
Alle trommeln mit den Fäusten auf die Tischplatte.

Kommando flache Hand:
Alle schlagen mit der flachen Hand auf die Tischplatte.

Kommando Wackeltöpfchen:
Alle wackeln mit der halbgeöffneten Faust auf der Tischplatte.

Kommando Halt:
Keiner darf sich bewegen.

Sitzhaltung wiederholen
Erkundigen Sie sich, ob die Kinder sich noch erinnern können, wie man am besten beim Arbeiten auf dem Stuhl sitzt.
Dann wiederholen Sie die Anweisung:
- „Rutscht auf dem Stuhl nach vorne,
- beide Beine hüftbreit auf den Boden,
- Becken nach vorne kippen,
- Oberkörper groß machen,
- Arme locker auf dem Tisch ablegen."

Stifthaltung besprechen
Erkundigen Sie sich wieder, ob die Kinder sich noch erinnern können, wie man am besten einen Stift hält.
Dann wiederholen Sie die verkürzte Anweisung:
- „Zeigefinger und Daumen greifen den Stift (vormachen),
- der Mittelfinger kommt von unten zur Hilfe (vormachen),
- rutscht nicht zu weit nach vorne oder hinten, schaut wie ich ihn halte (vormachen)!
- Versteckt nun die beiden übrigen Finger in der Handfläche und legt die Hand so auf den Tisch (vormachen, Ablage der Hand an der Kleinfingerseite)."

Einführung der Griffhilfen
Zum Einführen des Dreipunktgriffes lassen sich nach unserer Erfahrung in dieser Altersgruppe am besten Schreibhilfen in Dreikantform aus Moosgummi für dicke Buntstifte verwenden. Besorgen

Förderideen Graphomotorik

Sie sich unterschiedliche Schreibhilfen, probieren Sie sie selbst aus und lassen Sie sie dann die Kinder ausprobieren. Verteilen Sie nun an die Kinder mit noch unsicherem Dreipunktgriff die Schreibhilfen und wiederholen Sie die Anweisung zur Stifthaltung.

Sorgen Sie dafür, dass diese Kinder im Kindergartenalltag auch die Schreibhilfen zum Malen zur Verfügung haben.

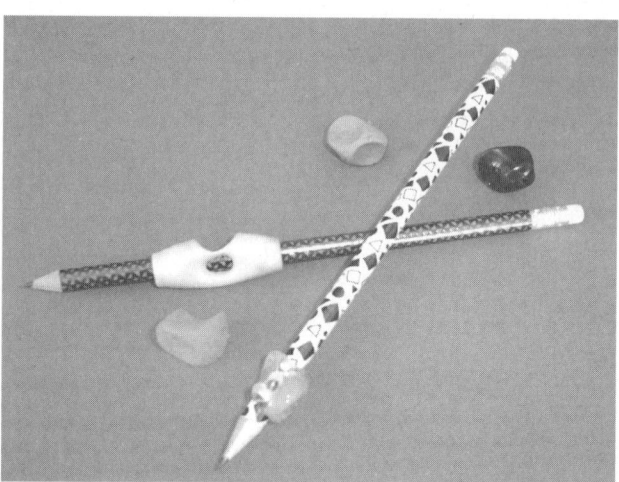

Tipp

Im Schreibwarenhandel sind verschiedene Schreibhilfen erhältlich:
1. Dreikantschreibhilfen aus Moosgummi für dünne Stifte,
2. Dreikantschreibhilfen aus Moosgummi für dicke Stifte (selten vorhanden, kann bei Riedel bestellt werden),
3. Silikon-Schreibhilfen, an denen die Finger punktuell aufliegen.

Schwungübung Wellenreiter

Befestigen Sie nun die Schwungübungen der Kinder wieder ca. 7 cm von der Tischkante entfernt mit Klebeband. Die Kinder sollen nun mit mehreren Farben mindestens sechsmal pro Farbe die Linien der Schwungübung nachfahren. Die Kinder sollen sich zwar bemühen genau zu arbeiten, wichtig ist aber wieder der Bewegungsfluss. Das Einhalten der Reihenfolge wird nun durch die Schlaufen zunehmend schwieriger.

Sonne mit Strahlen

Die Kinder sollen selbstständig auf ein DIN-A3-Blatt eine Sonne mit vielen Strahlen malen.

Tipp

Um einen präzisen Dreipunktgriff zu erlernen, ist es sinnvoll Griffhilfen zu verwenden, vor allem wenn Kinder noch Schwierigkeiten haben und eine besondere Unterstützung benötigen. Jedoch gilt hier, wie bei allen Hilfsmitteln, sobald ein Kind in der Lage ist die Stifthaltung ohne Hilfen selbstständig und korrekt durchzuführen, sollten die Hilfsmittel auch nicht mehr verwendet werden. Dazu ist es nötig, den Prozess zu beobachten und sich die Grifftechnik mit und ohne Hilfestellung anzusehen.

Kinder, die spontan einen guten Dreipunktgriff zeigen, benötigen keine Unterstützung.

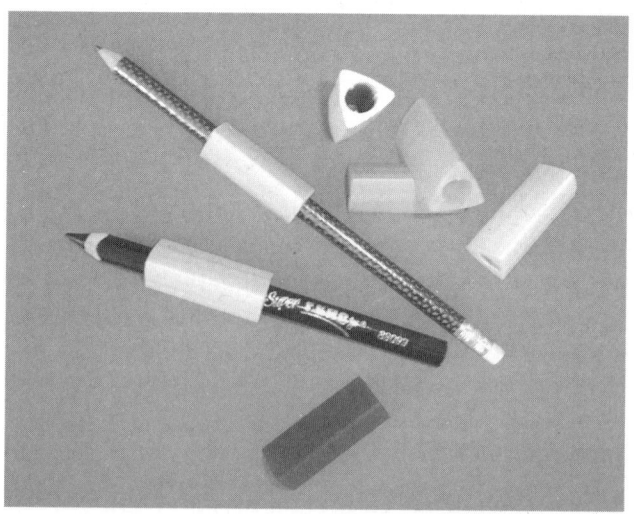

Schwungübung Wellenreiter
Auf DIN A3 vergrößern.

Förderideen Graphomotorik

Schwungübung Seepferdchen

45 Min.

Was wird gefördert?

Sitzhaltung und Stifthaltung werden gefestigt. Durch häufige Wiederholung wird eine Automatisierung erreicht. Nach unten geöffnete Schlaufen werden als weiteres Schreibelement hinzugenommen. Beim Aufwärmspiel für die Hände wird die Reaktion trainiert, beim Luftballonspiel liegt der Schwerpunkt bei der Kraftdosierung.

Was wird benötigt?

- pro Kind „Schwungübung Seepferdchen"
- Birnenwachsstifte
- dicke Buntstifte
- verschiedene Schreibhilfen
- Klebeband
- Linkshänderunterlage
- Luftballon

So wird es vorbereitet

Schwungübungen kopieren (5 Minuten)
Kopieren und vergrößern Sie die Kopiervorlage „Schwungübung Seepferdchen" für jedes Kind einmal auf DIN A3.

Bereitstellung des Materials (5 Minuten)
Sorgen Sie für ausreichend große Arbeitsplätze und denken Sie an die Arbeitsplätze für linkshändige Kinder. Klebeband, Schwungübungen, Schreibhilfen und Stifte werden an den Tischen bereitgelegt.

Jetzt geht's los

Handbeweglichkeit, Fische fangen
Alle Kinder legen ihre rechte Hand so weit wie möglich in die Mitte des Tisches. Der Spielleiter macht über den Händen kreisende Bewegungen und spricht dabei:
„Ich hab die ganze Nacht gefischt und hab nur einen Fisch erwischt."
Bei dem Wort erwischt, aber erst dann, dürfen die Kinder ihre Hände schnell wegziehen. Der Spielleiter versucht aber blitzschnell vorher noch einen „Fisch" zu fangen. Das erwischte Kind darf nun den Fischer spielen.

Sitzhaltung wiederholen (s. S. 97)

Stifthaltung wiederholen (s. S. 102)

Schwungübung Seepferdchen
Verfahren Sie hier wie bei der „Schwungübung Wellenreiter" (s. S. 105)

Luftballonspiel am Tisch
Die Kinder setzen sich um einen Tisch. Ein Luftballon wird angetippt. Die Kinder sollen sitzen bleiben, während sie sich den Luftballon vorsichtig zuspielen. Das Ziel ist, so lange wie möglich mit diesem zu spielen, ohne dass er zu Boden fällt.

Förderideen Graphomotorik

Seepferdchen
Auf DIN A3 vergrößern.

© Ernst Klett Verlag, Stuttgart, 2004. Von dieser Druckvorlage ist die Vervielfältigung für den eigenen Gebrauch gestattet. Entnommen aus „Fit für die Grundschule", ISBN 3-12-010101-X

Förderideen Graphomotorik

Schwungübung Tannenbaum

Was wird gefördert?

Bei diesen Schwungübungen kommen als Schreibelemente Spitzen und gerichtete Linien hinzu. Die Kinder sprechen einen Vers zu den Schwungübungen. Dies ergibt eine besonders reizvolle Verbindung von Sprache, Rhythmus und Graphomotorik. Mit dem Streichholzlegespiel üben die Kinder Linien in einen räumlichen Bezug zu stellen.

Was wird benötigt?

- pro Kind eine „Schwungübung Tannenbaum"
- pro Kind zwei leere Blätter DIN A4
- pro Kind eine Schachtel Streichhölzer
- dicke Buntstifte
- verschiedene Schreibhilfen
- Klebeband
- Linkshänderunterlage

So wird es vorbereitet

Schwungübungen kopieren (5 Minuten)
Kopieren und vergrößern Sie die Kopiervorlage „Schwungübung Tannenbaum" für jedes Kind einmal auf DIN A3.

Bereitstellung des Materials (5 Minuten)
Sorgen Sie für ausreichend große Arbeitsplätze am Tisch. Denken Sie an die Arbeitsplätze für linkshändige Kinder. Klebeband, leere Blätter, Streichhölzer, Schwungübungen, Schreibhilfen und Stifte bereitlegen.

Jetzt geht's los

Warmmachen der Finger und Hände am Tisch
Kommando Pimperle (s. S. 105)

Legespiel Streichhölzer
Geben Sie jedem Kind eine Schachtel Streichhölzer. Sie beginnen damit, ein Kreuz zu legen. Fordern Sie die Kinder auf, dieses nachzulegen. Die Ergebnisse der Kinder werden von Ihnen mit Klebeband sofort und ohne Korrektur festgeklebt.
Sie verfahren mit folgenden Figuren ebenso:
Ein Viereck; Dreieck; Haus, mit Haustüre und Fenster.

Sitz- und Stifthaltung wiederholen (s. S. 97, 102).

Schwungübung Tannenbaum
Befestigen Sie das Blatt diesmal nicht mit Klebeband. Zeigen Sie den Kindern, wie sie mit der anderen Hand das Blatt festhalten sollen. Die Spitzen stellen nun wieder eine etwas andere Anforderung an die Kinder. Die Linienführung sollte etwas genauer als bisher erfolgen und die Spitzen sollten möglichst nicht abgerundet werden. Lassen Sie die Kinder folgenden Vers dazu sprechen.

Zicke, Zacke	erste und zweite Linie
Hühnerkacke	dritte und vierte Linie
Ritsche, Ratsche	fünfte und sechste Linie
Fliegenklatsche	siebte und achte Linie
Und nun wieder Zicke Zacke ...	neunte und zehnte Linie

(und so weiter im Endlosverfahren)

Tipp

Beim Legespiel Streichhölzer werden Sie große Unterschiede zwischen den einzelnen Kindern feststellen. Das Thema räumliche Beziehungen wird im Kapitel Zahlenverständnis intensiv aufgegriffen.

Förderideen Graphomotorik

Schwungübung Tannenbaum
Auf DIN A3 vergrößern.

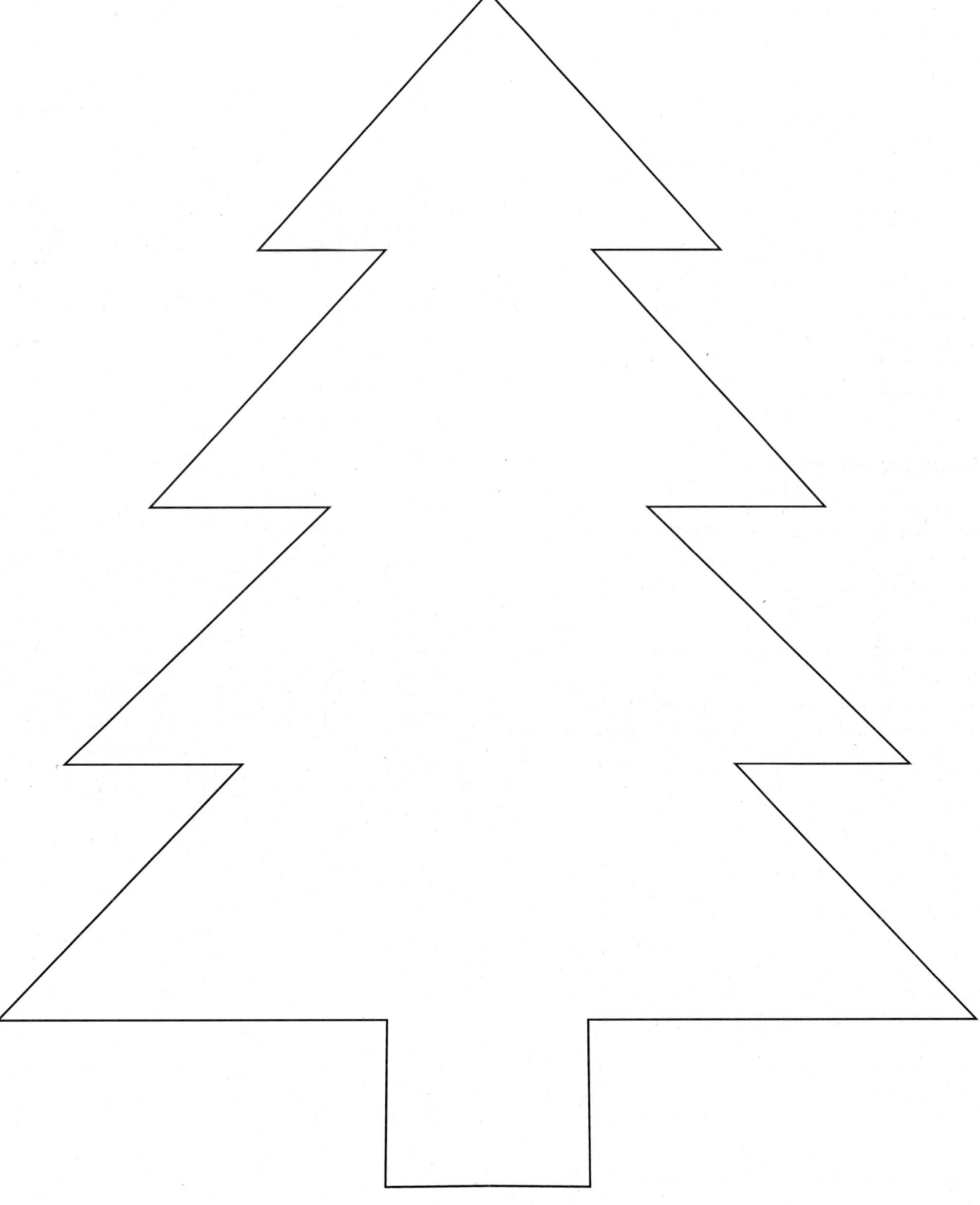

Förderideen Graphomotorik

Schwungübung Spirale

Was wird gefördert?

Die Oberflächenwahrnehmung der Hand spielt bei der Graphomotorik sowie der Feinmotorik eine entscheidende Rolle. Bei den feinen Bewegungen des Schreibens sollte ein Kind über eine ausbalancierte Hautwahrnehmung der Hände verfügen. Zu starke Informationen über die Hautwahrnehmung führen bei Kindern leicht zu einer das Schreiben ablehnenden Einstellung.

Was wird benötigt?

- pro Kind eine „Schwungübung Spirale"
- pro Kind eine Feder
- pro Kind eine Zahnbürste
- pro Kind ein Tuch
- dicke Buntstifte
- verschiedene Schreibhilfen
- Linkshänderunterlage

So wird es vorbereitet

Schwungübungen kopieren (5 Minuten)
Kopieren und vergrößern Sie die Kopiervorlage „Schwungübung Spirale" für jedes Kind einmal auf DIN A3.

Bereitstellung des Materials (5 Minuten)
Sorgen Sie für ausreichend große Arbeitsplätze am Tisch. Denken Sie an die Arbeitsplätze für linkshändige Kinder. Federn, Zahnbürsten, Tücher, Schwungübungen, Schreibhilfen und Stifte werden an den Tischen bereitgelegt.

Jetzt geht's los

Finger aufwärmen mit einem Fingerspiel (s. S. 99).

Partnerspiel Handsensibilisierung
Die Kinder sitzen sich gegenüber und bürsten und streicheln die einzelnen Finger wach und sprechen dabei:
„Ich streichle jetzt deinen Zeigefinger,
ich streichle deinen Handrücken,
ich streichle deine Handfläche."
(mit der Feder)
„Ich bürste jetzt deinen Mittelfinger, ..."
(mit der Zahnbürste)
und so weiter

Dann werden die Augen verbunden und das gestreichelte Kind sagt:
„Du streichelst jetzt meinen kleinen Finger."
(Feder)
„Du bürstest jetzt meinen Daumen."
(Zahnbürste)
und so weiter.

Sitz- und Stifthaltung wiederholen (s. S. 97, 102).

Schwungübung Spirale
Die Durchführung entspricht den anderen Einheiten (s. S. 98).

Tipp

Kindern, die mit der Feinmotorik sowie mit der Graphomotorik anhaltende Schwierigkeiten haben, kann gerade in dieser Altersstufe mit Ergotherapie sehr geholfen werden.

Schwungübung Spirale
Auf DIN A3 vergrößern.

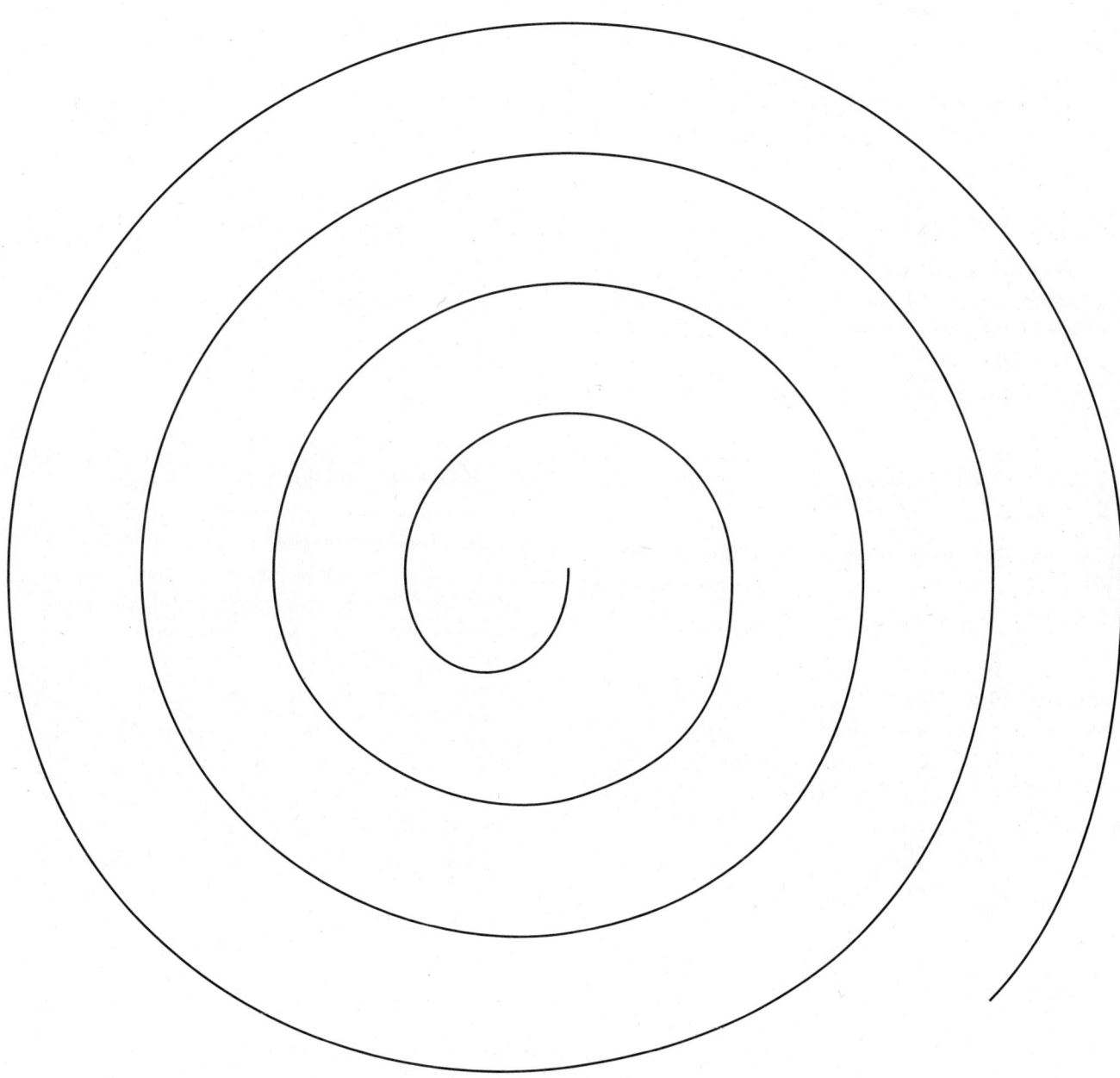

Förderideen Graphomotorik

50 Min.

Fadenspiel, Schwungübung Schnecke

Was wird gefördert?

Feinmotorische Koordination ist eine Grundvoraussetzung der Graphomotorik. Das Fadenspannspiel bietet hier vielfältige Möglichkeiten und verfügt über einen hohen Aufforderungscharakter. Die Kinder trainieren über die feinmotorische Geschicklichkeit hinaus Reihenfolgen und Handlungsplanung. Bei der „Schwungübung Schnecke" liegt der Schwerpunkt auf dem Richtungswechsel.

Was wird benötigt?

- pro Kind eine „Schwungübung Schnecke"
- pro Kind ein Schnürsenkel oder eine Schnur mit der Länge von mindestens 120 cm
- dicke Buntstifte
- verschiedene Schreibhilfen
- Linkshänderunterlage

So wird es vorbereitet

Schwungübungen kopieren (5 Minuten)
Kopieren und vergrößern Sie die Kopiervorlage „Schwungübung Schnecke" für jedes Kind einmal auf DIN A3.

Bereitstellung des Materials (5 Minuten)
Sorgen Sie für ausreichend große Arbeitsplätze am Tisch. Denken Sie an die Arbeitsplätze für linkshändige Kinder. Die Schnüre, Schwungübungen, Schreibhilfen und Stifte werden an den Tischen bereitgelegt.

Jetzt geht's los

Finger aufwärmen mit einem Fingerspiel
Siehe Fingerspiel aus der Einheit Einführung in die Schwungübungen (s. S. 99).

Fadenspiel
Führen Sie das Spiel laut Anlage durch. Lassen Sie sich Zeit und wiederholen Sie mehrmals. Stellen Sie die Schnüre für das freie Spiel der Kinder zur Verfügung.

Sitz- und Stifthaltung wiederholen (s. S. 97, 102).

Schwungübung Schnecke
Die Durchführung entspricht den anderen Einheiten (s. S. 98). Der Richtungswechsel stellt einen erneuten Schwierigkeitsgrad dar.

Tipp

Den Kindern wird mit dem Fadenspannspiel ein Impuls geliefert, den vor allem Mädchen gern in ihr eigenes Spiel übernehmen. Bei dieser Einheit werden nur die Grundstellung und das erste Abnehmen bearbeitet. Für Erweiterungen stehen spezielle Bücher mit anschaulichen Anleitungen im Fachhandel zur Verfügung.

Förderideen Graphomotorik

Fadenspiel

Grundstellung und einmal Abnehmen
Grundstellung, erster Spieler

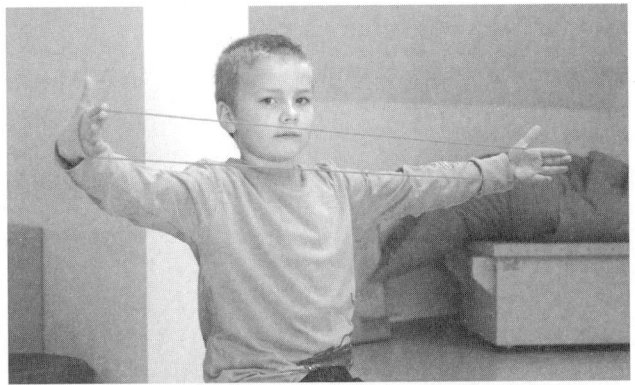
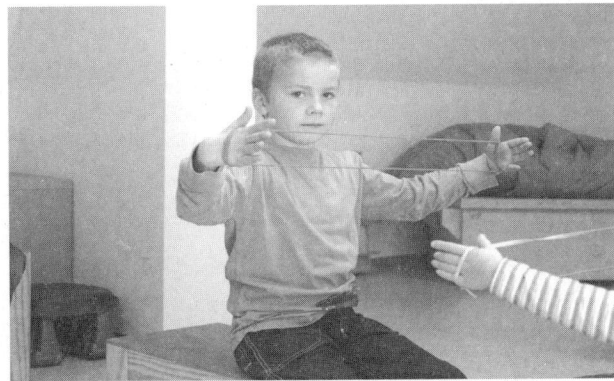

Schritt 1
Der zusammengeknotete Schnürsenkel wird zwischen beiden Händen so gespannt, dass die beiden Daumen sich außerhalb der Schnur befinden.

Schritt 2
Die rechte Hand fährt unter dem Faden, von unten nach oben, zur Mitte durch. Beim Auseinanderziehen legt sich dabei eine Schlinge um die rechte Hand. Nun führt die linke Hand diesen Schritt durch.

Schritt 3
Mit dem Mittelfinger der rechten Hand nimmt man den Faden der linken Handfläche auf und zieht die Hände wieder auseinander. Nun führt die linke Hand diesen Schritt aus.

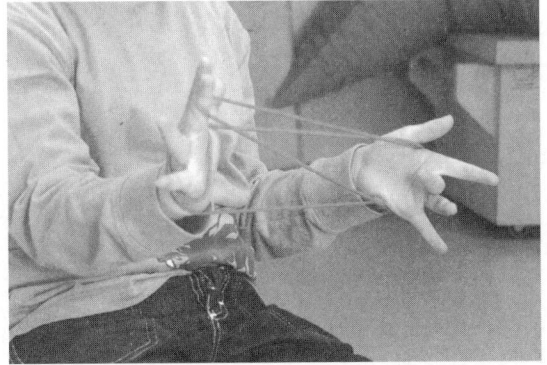

Abnehmen, zweiter Spieler

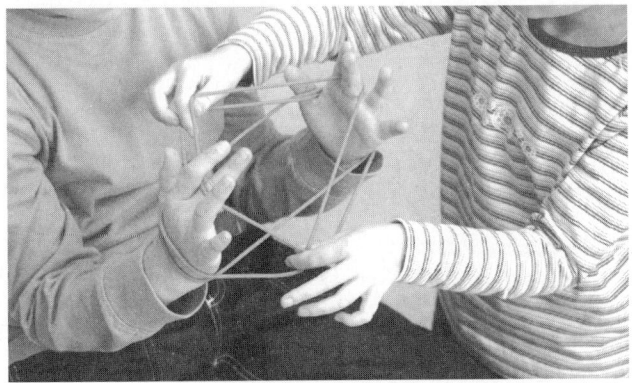
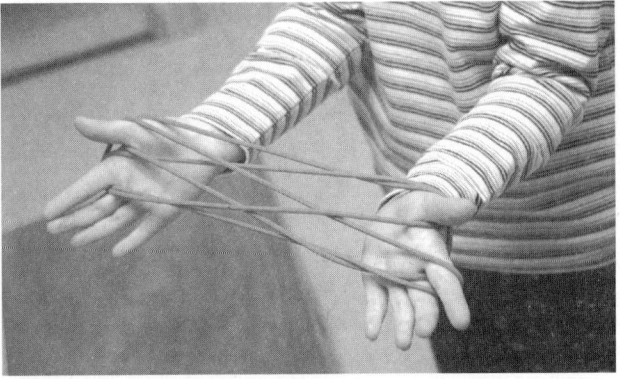

Schritt 4
Der zweite Spieler ergreift mit Daumen und Zeigefinger beider Hände die Fadenkreuze. Er führt beide Hände jeweils links und rechts unter dem gerade verlaufenden Faden durch.

Schritt 5
Während der zweite Spieler das Fadenspiel wieder spannt, lässt der erste Spieler vorsichtig los.

Förderideen Graphomotorik

Schwungübung Schnecke
Auf DIN A3 vergrößern.

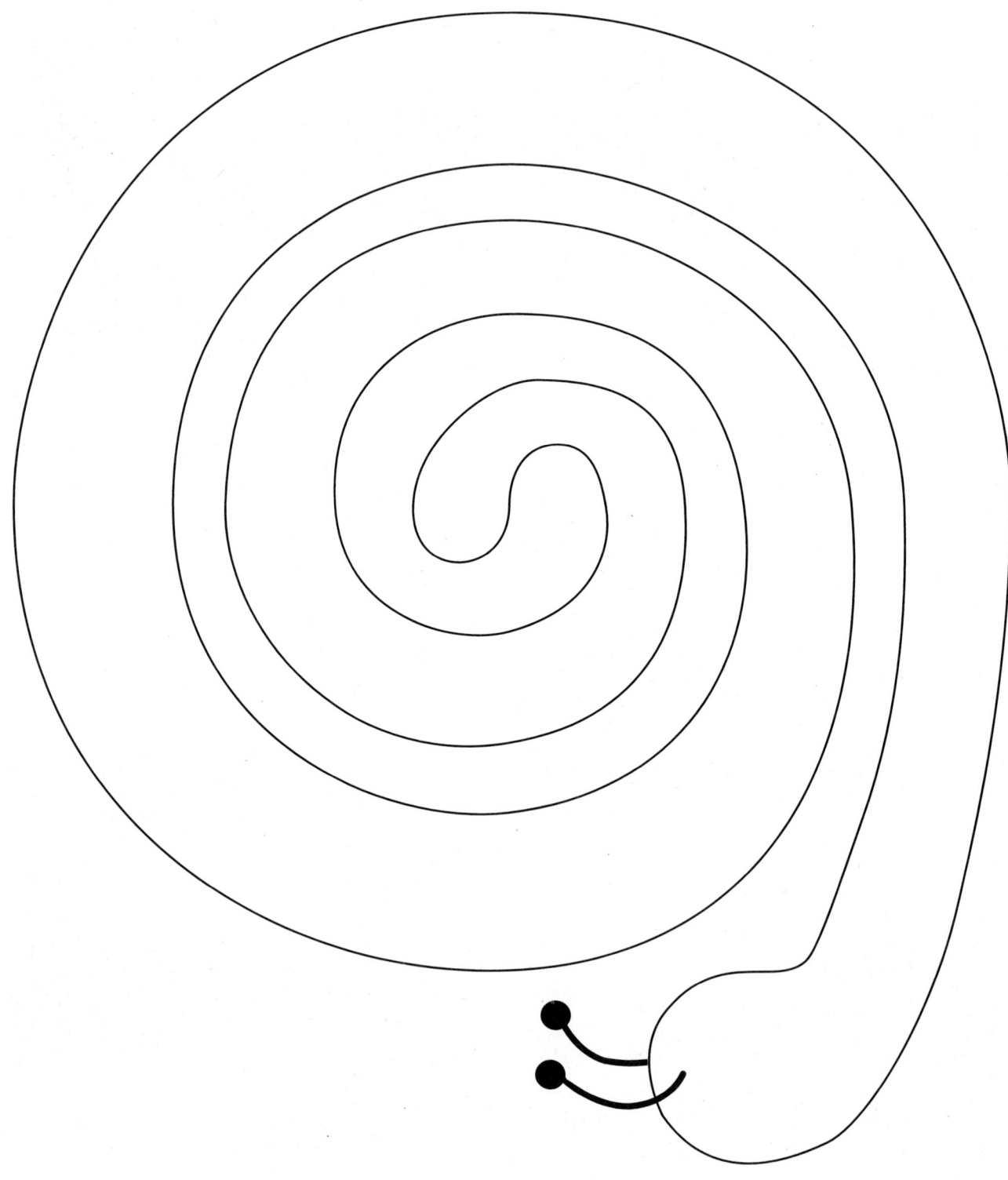

Förderideen Graphomotorik

Schwungübung Potzblitz

Was wird gefördert?

Bei dieser Schwungübung werden nun verschiedene Schreibelemente gemischt. Das Fadenspannspiel wird wiederholt und gefestigt. Die Kinder müssen nun in der Lage sein, die Aufmerksamkeitsspanne bei den Schwungübungen zu halten.

Was wird benötigt?

- pro Kind eine „Schwungübung Potzblitz"
- pro Kind ein Schnürsenkel oder eine Schnur mit der Länge von mindestens 120 cm
- dicke Buntstifte
- verschiedenen Schreibhilfen
- Linkshänderunterlage

So wird es vorbereitet

Schwungübungen kopieren (5 Minuten)
Kopieren und vergrößern Sie die Kopiervorlage „Schwungübung Potzblitz" für jedes Kind einmal auf DIN A3.

Bereitstellung des Materials (5 Minuten)
Sorgen Sie für ausreichend große Arbeitsplätze am Tisch. Denken Sie an die Arbeitsplätze für linkshändige Kinder. Die Schnüre, Schwungübungen, Schreibhilfen und Stifte werden an den Tischen bereitgelegt.

Jetzt geht's los

Wiederholung Kommando Pimperle (s. S. 105)

Wiederholung Fadenspiel (s. S. 115)

Sitz- und Stifthaltung wiederholen (s. S. 97, 102)

Schwungübung Potzblitz
Die Durchführung entspricht den anderen Einheiten. Verschiedene Schreibelemente werden nun in einer Schwungübung vereint.

> **Tipp**
>
> Die Schrift besteht aus folgenden Elementen: Punkte, Kreise, fortlaufende Bögen, Schlaufen nach oben und unten, Striche, Spitzen, Schlangenlinien, Bögen nach oben und unten.

Förderideen Graphomotorik

Schwungübung Potzblitz
Auf DIN A3 vergrößern.

Förderideen Graphomotorik

Fadenspannbild 1

60 Min.

Was wird gefördert?

Beim Umgang mit Nägeln erfolgt die Rückmeldung über mögliche Fehler rasch und schmerzhaft. Das Zusammenspiel beider Hände sowie der Augen muss genau erfolgen, die Kraftdosierung muss angemessen sein. Erkundigen Sie sich rechtzeitig bei den Kindern über ihre Vorerfahrungen im Umgang mit Nagel und Hammer. Bei mangelnder Erfahrung üben Sie ein paar Tage vorher mit den Kindern das Einschlagen größerer Nägel in einen Holzklotz.

Was wird benötigt?

- pro Kind ein Holzbrettchen 20 x 20 cm
- pro Kind ein Bleistift (gut gespitzt)
- pro Kind ein kleiner Hammer
- Graupappe für zwei bis drei Schablonen je nach Gruppengröße
- kleine Nägel mit großen Köpfen

So wird es vorbereitet

Herstellen der Schablonen (10 Minuten)
Schneiden Sie einen Kreis aus Graupappe und öffnen Sie die gewünschte Zahl von Löchern mit einem Pfriem.

Bereitstellung des Materials (5 Minuten)
Wenn Sie nicht über eine Werkbank verfügen, schützen Sie die Tische mit Brettern zum Unterlegen. Stellen Sie die Materialien am Arbeitsplatz bereit.

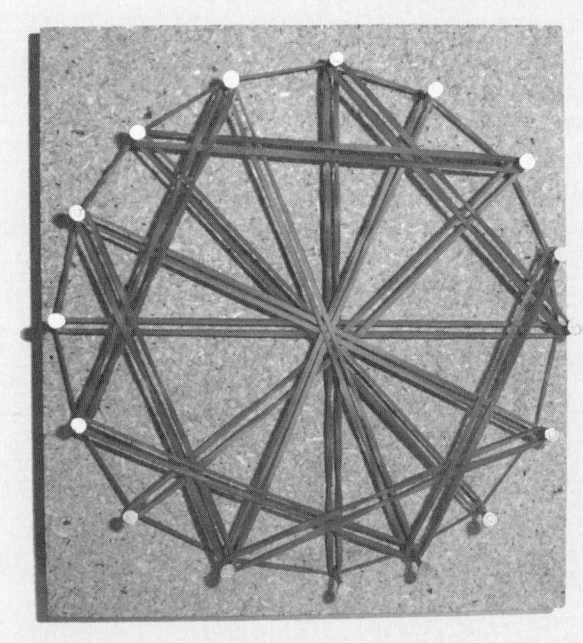

Fadenspannbild, Übertragen der Schablone und Einschlagen der Nägel
Mit Hilfe einer Kreisschablone wird der Kreisumriss mit Bleistift auf das Holz übertragen. Die Position der Nägel wird durch die Löcher vorgegeben, somit werden auch diese übertragen. Nun dürfen die Kinder die Nägel an der vorgegebenen Position in Kreisform einschlagen. Geben Sie so wenig wie möglich Hilfestellung. Können die Kinder die Aufgabe noch nicht bewerkstelligen, sollen sie zunächst weiter am Holzblock Nägel einschlagen. Machen Sie den Kindern transparent, wie schwierig die gestellte Aufgabe ist, um zu frühen Frust zu vermeiden.

Förderideen Graphomotorik

60 Min.

Fadenspannbild 2

Was wird gefördert?

Beim Einschlagen der restlichen Nägel steht wieder die Koordination von Augen und Händen sowie die Kraftdosierung im Vordergrund. Beim Spannen der Fäden ist die Anforderung abhängig von der Aufgabe. Diese sollte sich am Leistungsstand der Gruppe orientieren. Geometrische Fadenspannbilder erfordern ein hohes Maß an Konzentration und Ausdauer.

Was wird benötigt?

- die begonnenen Nagelbilder der einzelnen Kinder
- pro Kind ein kleiner Hammer
- kleine Nägel mit großen Köpfen
- verschiedene bunte Fäden
- bunte Haushaltsgummis

So wird es vorbereitet

Bereitstellung des Materials (5 Minuten)
Wenn Sie nicht über eine Werkbank verfügen, schützen Sie die Tische mit Brettern zum Unterlegen. Stellen Sie die Materialien am Arbeitsplatz bereit.

Jetzt geht's los

Fadenspannbild fertig stellen
Die Kinder fahren fort, die Nägel in Kreisform einzuschlagen. Zur Weiterbearbeitung gibt es verschiedene Möglichkeiten in unterschiedlichen Schwierigkeitsstufen. Folgende Varianten von leicht nach schwer sind denkbar:

1. Über die Nägel werden von den Kindern verschiedene Haushaltsgummis gespannt. Das Spannbild kann entweder von den Kindern selbst gestaltet werden oder Sie geben ein Muster vor. Möglich ist auch, zunächst nacheinander, alle bereits gelernten geometrischen Formen zu spannen, diese wieder zu lösen, um danach ein Bild zu gestalten.

2. Mit den Fäden gestalten die Kinder ganz individuell ein Spannbild. Die Knoten sind schwierig. Unsere Erfahrung hat gezeigt, dass die Kinder ganz unterschiedlich schnell mit dem Einschlagen der Nägel fertig werden. Somit können Sie beim Spannen beinahe jedes Kind individuell unterstützen. Das heißt nicht, dass Sie die Knoten für die Kinder machen, sondern dass Sie dabei helfen, den entsprechenden Faden auf Spannung zu halten, während das Kind knotet, damit sich das Bild nicht auflöst.

3. Die Kinder spannen regelmäßige geometrische Muster. Dabei müssen sie genau mitzählen, die Reihenfolge einhalten. Sie werden hierfür jedes Kind einzeln begleiten müssen. Mit ein bisschen Übung sind die Kinder jedoch durchaus in der Lage, einfache Muster völlig selbstständig zu bearbeiten und auch ohne Unterstützung zu verknoten. Schön wäre es, wenn Sie unbespannte Nagelbilder für den Gruppenraum herstellen würden, dann könnten die Kinder ihre Technik im freien Spiel verfeinern.

Tipp

Kinder haben viel Freude an handwerklichen Tätigkeiten. Das Arbeiten mit Holz, egal ob sie Nägel einschlagen, sägen oder schleifen, ist ein optimales Übungsfeld für die Feinmotorik.

Stern mit Umrandung

Der Faden der ersten Farbe wird an Nagel-Nr. 1 verknotet. Dann zählen Sie vier Nägel im Uhrzeigersinn weiter und führen den Faden quer hinüber bis zum Nagel-Nr. 5. Dort fixieren Sie den Faden und zählen wieder vier Nägel weiter, ziehen den Faden quer hinüber bis zum Nagel-Nr. 9 und fixieren ihn. Nun zählen Sie wieder vier Nägel weiter und führen den Faden quer hinüber zum Nagel-Nr. 1 zurück, sodass ein Dreieck entsteht.

Für das nächste Dreieck führen Sie den Faden im Uhrzeigersinn außen drei Nägel weiter und fixieren ihn an Nagel-Nr. 4. Nun zählen Sie wieder vier Nägel weiter, führen den Faden quer hinüber bis Nagel-Nr. 8 und fixieren ihn dort. Von dort aus zählen Sie wieder vier Nägel weiter und fixieren den quer hinüber geführten Faden an Nagel-Nr. 12, von dem aus Sie das Dreieck an Nagel-Nr. 4 schließen.

Wenn Sie nun drei Nägel weiter zählen, den Faden außen entlang führen und befestigen, können Sie ab Nagel-Nr. 7 das nächste Dreieck beginnen. Führen Sie die Technik fort, bis ein Stern entstanden ist.

Variante für die Umrandung

Die Umrandung gestalten Sie mit der zweiten Farbe. Beginnen Sie an einem beliebigen Nagel, von dem aus die Kinder im Uhrzeigersinn am Rand entlang immer drei Nägel weiter gehen, den Faden verknoten, und wieder zwei Nägel zurückgehen. Der Faden wird auch hier verknotet. So gehen Sie immer drei Nägel vor und zwei wieder zurück, bis der Kreis sich geschlossen hat.

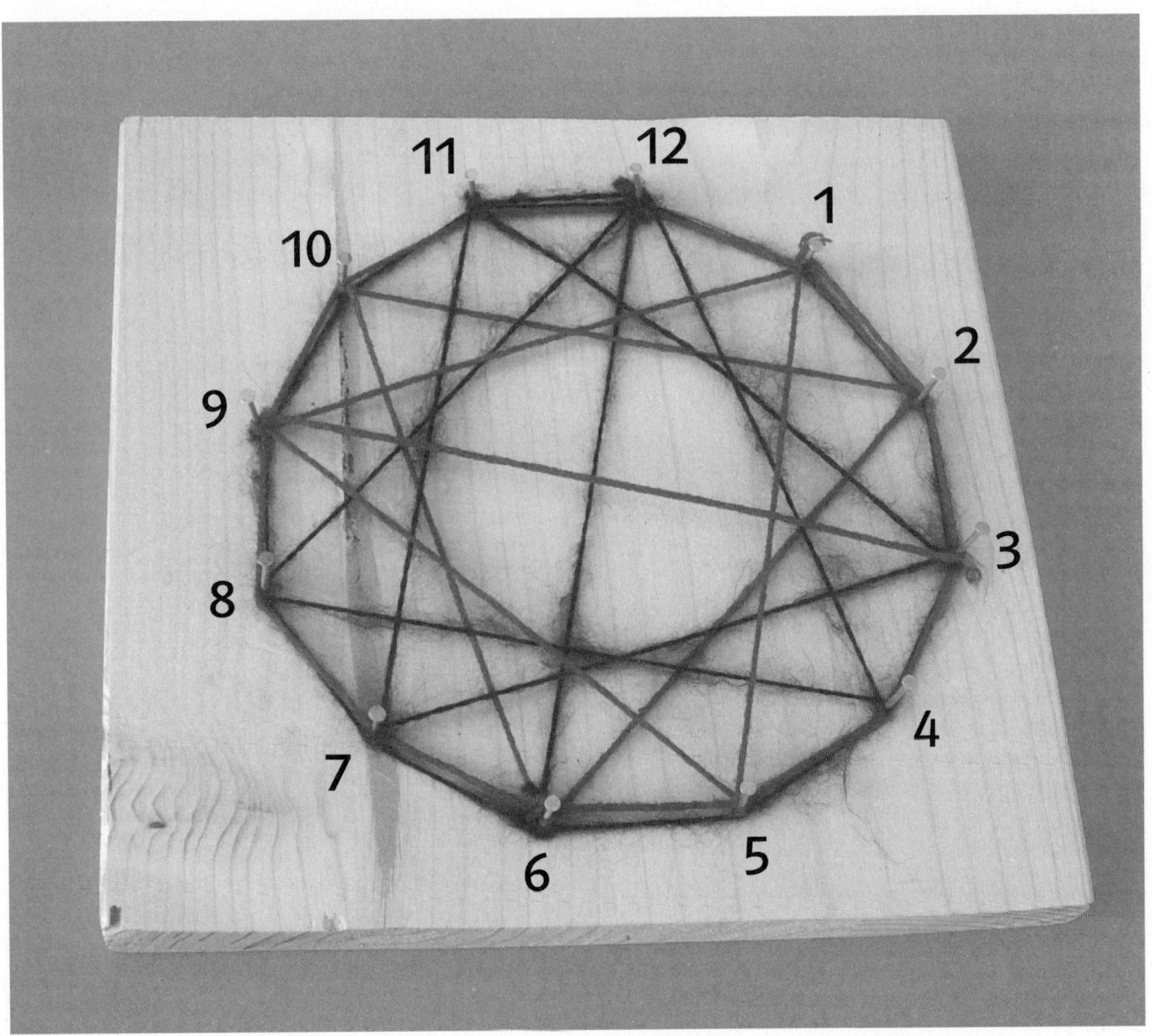

Förderideen Graphomotorik

Malgeschichte

Was wird gefördert?

Das Textverständnis wird gefördert und die Kinder sollen das Gehörte bildhaft auf ein Papier übertragen. Die erlernten Schreibelemente werden wiederholt und das Schreibelement Punkt hinzugenommen.

Was wird benötigt?

- pro Kind eine Malgeschichte
- pro Kind ein Filzstift
- evtl. Linkshänderunterlage

So wird es vorbereitet

Malgeschichte kopieren (10 Minuten)
Kopieren und vergrößern Sie auf DIN A3 pro Kind eine komplette Malgeschichte.

Bereitstellung des Materials (5 Minuten)
Sorgen Sie für ausreichend große Arbeitsplätze am Tisch und eine reizarme Umgebung. Legen Sie die Stifte in die Tischmitte.

Jetzt geht's los

Finger und Hände aufwärmen, Kommando Pimperle (s. S. 105)

Sitz- und Stifthaltung wiederholen (s. S. 97, 102)

Eine Malgeschichte
Lesen Sie die Geschichte langsam vor. Stellen Sie den Kindern Fragen zum Inhalt und lassen Sie diese die Geschichte nacherzählen.
Nun werden die Filzstifte und das erste Blatt ausgeteilt. Die Kinder schreiben zunächst ihren Namen auf das Blatt. Dann beginnen Sie langsam Abschnitt für Abschnitt zu lesen. Die Kinder sollen genügend Zeit bekommen, das Gehörte zeichnerisch umzusetzen. Folgende Schreib-Elemente werden in die freien Abschnitte eingezeichnet:

1. gerader Strich

   _____

2. unregelmäßige Kurven

3. sanfte Wellenlinie

4. große Bögen

   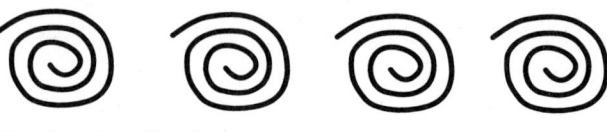

5. Spiralen

6. einzelne Punkte

7. viele Punkte

8. Blitze

9. Kreise

   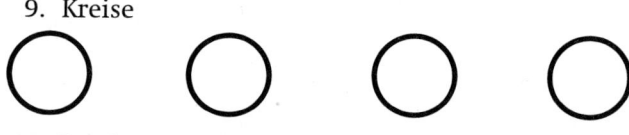

10. Barthaare (d. h. Linien, die schräg von einem Mittelpunkt wegführen)

    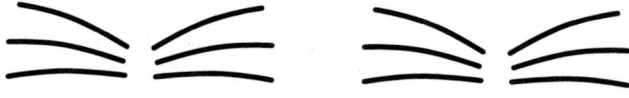

11. Schlaufen

12. Wellenlinie mit Spitzen

13. unterschiedlich große Spitzen

Spiel: Fische fangen (s. S. 108)

… Förderideen Graphomotorik

Die Geschichte von Mali, dem Filzstift

Der kleine Filzstift Mali wollte nicht nur malen und auf dem Papier tanzen. Nein, er wollte wie alle großen Filzstifte etwas wirklich Bedeutendes können. Er wollte wunderschöne Buchstaben schreiben und große Gedanken zu Papier bringen.
Deshalb beschloss er eines Tages bei der Filzstiftschule anzufragen, ob er nun groß genug sei, um dort schreiben zu lernen.

Der Herr Oberschreiber sah ihn sehr ernst an und sprach: „Nun, du bist schon noch ein wenig klein, aber ich will dir eine Chance geben. Du musst eine große Reise machen und Abenteuer bestehen. Wenn du dich da geschickt anstellst, will ich dich in die Schule aufnehmen."
Also packte Mali seinen Rucksack und machte sich auf die Reise.

Zunächst war alles noch ganz einfach. Er musste nur immerzu gerade auf der Straße gehen.

Ab und zu kam eine Kurve oder er musste über ein Hindernis steigen.

Die nächste Aufgabe war schon schwieriger. Obwohl Mali ein guter Schwimmer war, so war es doch schwer einen ganzen See zu durchschwimmen.
Aber das Wetter war gut und so stieg er in das Wasser. Nur sanfte Wellen wogten im See.

Mali schwamm und schwamm. Da zogen dunkle Wolken auf und ein starker Wind wehte. Die Wellen wurden immer größer.

Mit viel Anstrengung gelangte er zum anderen Ufer.
Von dort sah er, wie kleine Strudel im Wasser entstanden.

Es begann zu regnen. Zunächst nur ein paar vereinzelte Tropfen.

© Ernst Klett Verlag, Stuttgart, 2004. Von dieser Druckvorlage ist die Vervielfältigung für den eigenen Gebrauch gestattet. Entnommen aus „Fit für die Grundschule", ISBN 3-12-010101-X

Förderideen Graphomotorik

Bis es so stark regnete, dass Mali beinahe nichts mehr sah.

Blitze schossen vom Himmel. Mali bekam richtig Angst. Der Donner schmerzte in seinen Ohren.

Mali entdeckte eine Höhle. Schnell rannte er hinein, obwohl er sich ein wenig fürchtete,
es könnten ja wilde Tiere darin leben. Er rollte sich ganz klein zu einem Ball zusammen.

Da spürte er etwas an seinen Beinen. Vorsichtig schaute er zitternd vor Angst, was ihn berührte.
Aber es war nur ein kleiner Hase, der sich noch mehr fürchtete als Mali.
Was für wundervolle Barthaare er hat, dachte Mali.

Und diese Ohren, die sehen beinahe schon wie Buchstaben aus.

Nach einer Weile war wieder alles vorbei. Die Sonne schaute zwischen den Wolken durch.
Der kleine Hase hoppelte davon. Mali sah ihm nach, wie er zwischen den Büschen verschwand.

Mali musste nun nur noch über spitze Berge nach Hause klettern.

Daheim angekommen war er wirklich froh, dass alles vorbei war. Aber das sagte er niemandem.
Er war sehr stolz, die Prüfung bestanden zu haben und nun zur Schule gehen zu dürfen.
Aber seine Mama hielt er ein bisschen länger im Arm als sonst.

Ergänzungen zum Thema

Spiele zum Selbermachen

Sandwanne

Sandwannen sind im Handel erhältlich aber sehr teuer. Verfügen Sie über genügend Budget, ist es sehr empfehlenswert sich eine anzuschaffen. Man kann diese jedoch selbst aus Plexiglas und einem Holzrahmen herstellen. Sie brauchen allerdings handwerkliches Geschick und viel Zeit. Mit der Wanne können Schreibelemente und Bewegungsfluss zunächst ohne Stift geübt werden. Die Kinder werden zum kreativen und großflächigen Gestalten angeregt.

Rasierschaum

Auf einem Spiegel oder einem abwaschbaren Boden beziehungsweise einer Kunststoffplatte wird Rasierschaum flächendeckend aufgetragen. Nun können die Kinder mit großen Bewegungen und beidhändig malen. Sie werden sich von der Freude der Kinder anstecken lassen. Dies ist auch eine gute Übung für Kinder, die im taktilen Bereich noch Probleme haben. Das Wegwischen des Rasierschaums mit kreisenden Bewegungen der Hände macht besonders viel Spaß.

Fachbücher zu den Themen Schwungübungen und linkshändige Kinder

Pauli, S.; Kirsch, A.: Geschickte Hände. Zeichenprogramm für Kinder von 5 bis 7 Jahren. Verlag Modernes Lernen, 2003.

Sattler, J. B.: Das linkshändige Kind in der Grundschule. Auer Verlag, 1996.

Mögliche Bezugsquelle für dreieckige Schreibhilfen für dicke Stifte:

Riedel GmbH
Carl-Zeiss-Straße 35
72770 Reutlingen

Förderideen Merkfähigkeit
Merkzettel

> Merkfähigkeit hängt in starkem Maße von der Konzentrationsfähigkeit und der Motivation ab.

Lernen mit allen Sinnen erhöht nicht nur die Konzentration und Motivation, sondern schafft im Gehirn eine Vielzahl von Verknüpfungen. Diese Verknüpfungen wirken sich positiv auf die Geschwindigkeit und die Möglichkeiten der Informationsverarbeitung aus.

Je mehr seine sensorischen Systeme zusammenarbeiten, desto mehr Verbindungen werden geschaffen, desto mehr kann ein Kind quantitativ lernen und desto leichter fällt es ihm.

Intelligenz, frühe Schriftkenntnis, Gedächtnis und visuelle Aufmerksamkeit sind wichtige Indizien für den schulischen Erfolg eines Kindes. Beobachten Sie genau.

Hat das Kind insgesamt Probleme mit der Aufmerksamkeit oder mit dem Gedächtnis? Lassen Sie hier nicht wertvolle Zeit verstreichen, sondern helfen Sie dem Kind, bevor Frustration und Misserfolge eintreten.

Förderideen Merkfähigkeit

Geruchs- und Geschmackssinn

45 Min.

Was wird gefördert?

Die Kinder lernen ihre Aufmerksamkeit auf einen Sinneskanal zu konzentrieren. Dadurch nehmen sie intensiver wahr und können Eigenschaften besser erkennen und erschließen.

Was wird benötigt?

- pro Kind eine Augenbinde
- viele Schälchen oder Filmdöschen
- stark riechende Lebensmittel wie Kakaopulver, Vanille, Zimt, Pfeffer, Zitrone und Ähnliches
- verschiedene Obstsorten
- verschiedene Gemüsesorten
- verschiedene Brotsorten

So wird es vorbereitet

Bereitstellen von Material (15 Minuten)
Schneiden Sie verschiedene Obst- und Gemüsesorten sowie das Brot in kleine Würfel. Verteilen Sie die Gewürze in die Schälchen. Decken Sie alles mit einem Tuch ab, sodass die Kinder nichts sehen. Lüften Sie den Raum gut durch und legen Sie die Augenbinden bereit.

Jetzt geht's los

Düfte und Gedächtnis
Die mit verschiedenen Pulvern und Fruchtstücken gefüllten Schälchen werden mit verbundenen Augen errochen. Die Kinder sagen, was sie riechen, was es sein könnte und ob ihnen der Geruch angenehm ist oder unangenehm.
Erklären Sie den Kindern, dass der Geruchssinn etwas ganz Ursprüngliches ist und dass unser Gedächtnis uns sagt, ob wir mit einem Geruch angenehme oder unangenehme Erinnerungen verbinden.
Zunächst wird anhand eines Auszählverses ein Kind ermittelt, das sich wieder die Augen verbinden lässt. Es werden fünf Schälchen ausgewählt. Das Kind soll nicht sagen, was es riecht, sondern zunächst nacheinander alle Schälchen beriechen. Die Schälchen werden weggestellt, das Kind nimmt die Augenbinde ab und sagt, welche Düfte es gerochen hat. Das nächste Kind kommt an die Reihe.

> **Tipp**
> Ermahnen Sie die Kinder beim Riechen von Pulvern genügend Abstand zu halten, damit nichts eingeatmet wird!

Geschmack und Gedächtnis
Nun werden wieder allen Kindern die Augen verbunden. Kleines in Stücke geschnittenes Obst und Gemüse sowie Weißbrotstückchen und Vollkornbrotwürfelchen werden einzeln nacheinander vor die Kinder auf den Tisch gelegt. Liegt vor allen Kindern jeweils das Gleiche, dürfen sie es aufnehmen und in den Mund stecken. Auch hier sollen die Kinder nicht nur sagen, was sie gegessen haben, sondern ob es süß oder sauer schmeckt, trocken oder saftig ist, ob der Geschmack stark oder schwach ist.
Anschließend verfahren Sie wie bei den Düften. Ein Kind bekommt nacheinander fünf Würfelchen zu essen. Die anderen Kinder passen auf. Nachdem es alle gegessen hat, zählt es auf, was es war. Das nächste Kind kommt an die Reihe.

Obstsalat
Bereiten Sie nun mit den Kindern aus den angeschnittenen Obstsorten einen Obstsalat zu. Später wird dieser gemeinsam gegessen.

> **Tipp**
> Geruchs- und Geschmackssinn sind eng miteinander verflochten. Das Gedächtnis für Gerüche beeinflusst uns wesentlich stärker, als wir uns dessen bewusst werden. Es ist eng mit unserem emotionalen Erleben verbunden. Das Geruchs- und Geschmacksgedächtnis ist wichtig, um uns z. B. vor Gefahren, die von unbekannten Stoffen ausgehen, zu schützen.

Förderideen Merkfähigkeit

50 Min.

Tastmemory 1

Was wird gefördert?

Die sprachliche Merkfähigkeit wird durch einen sinnwidrigen Vers gefördert. Beobachten Sie, wie lange die Kinder brauchen, um die Sinnwidrigkeit zu erkennen. Die Kinder stellen in dieser Einheit zunächst selbst ein Tastmemory her. Es ergeben sich viele Gelegenheiten über Material und Materialbeschaffenheit zu sprechen.

Was wird benötigt?

- pro Kind 6 Kartons (ca. 9 x 4,5 cm)
- pro Kind eine Flasche Klebstoff
- pro Kind Zeitungspapier oder Unterlage
- Alufolie
- Schmirgelpapier
- Streichhölzer
- Stoffreste
- Fell
- Schnur
- Korken
- Holzringe oder Ähnliches
- Schaumstoff/Schwamm

So wird es vorbereitet

Zuschneiden der Kartons (15 Minuten)
Schneiden Sie aus Graupappe pro Kind 6 Rechtecke ca. 9 x 4,5 cm aus.

Bereitstellung des Materials (10 Minuten)
Suchen Sie Material (vgl. z.B. Materialliste oben) zusammen, mit dem die Kinder unterschiedliche Tasterfahrungen machen können. Sorgen Sie für ausreichend große Arbeitsplätze am Tisch.

Jetzt geht's los

Auszählvers

*Des Abends, wenn ich früh aufsteh,
des Morgens, wenn ich zu Bett geh,
dann krähen die Hühner, dann gackert der Hahn,
dann fängt das Korn zu dreschen an.
Die Magd, sie steckt den Ofen ins Feuer,
die Frau, die schlägt drei Suppen in die Eier.
Der Knecht, der kehrt mit der Stube den Besen,
da sitzen die Erbsen, die Kinder zu lesen.
Oh weh, wie sind mir die Stiefel geschwollen,
dass sie nicht in die Beine rein wollen.
Nimm drei Pfund Stiefel und schmiere das Fett,
dann stelle mir vor die Stiefel das Bett.*

(Weigert/Weigert: Schuleingangsphase, 1997)

Tastmemory herstellen

1. Jedes Kind sollte drei Kartenpaare herstellen. Das Spiel bleibt nach Fertigstellung im Kindergarten und steht den Kindern im Freispiel zur Verfügung.
2. Auf zwei Kartons kleben wir jeweils dasselbe Material in derselben Anordnung. Jedes Kind sollte ein schweres (Schnur/Streichholz/Korken) und zwei leichte Paare herstellen. Welche Karten welches Kind herstellen soll, kann auch nach Leistungsstand eingeteilt werden. Vorschläge:
    - Schnur als Schnecke
    - Streichhölzer als Haus
    - Korken als Männchen
    - Ringe aus Schnur in die Mitte oder als Linie

   Die restlichen Materialien werden flächendeckend aufgeklebt. (s. S. 134, Abb.)
3. Die fertiggestellten Karten werden gepresst.

Förderideen Merkfähigkeit

Tastmemory 2

⏰ 50 Min.

Was wird gefördert?

Durch das Tasten lernen Kinder ihre Aufmerksamkeit auf die wesentlichen Eigenschaften eines Gegenstandes zu richten. Es ergeben sich viele sprachliche Situationen. Die Kinder trainieren ihre Differenzierungsfähigkeit.

Was wird benötigt?

- pro Kind eine Augenbinde
- das fertiggestellte Tastmemory der letzten Stunde
- 6–8 Alltagsgegenstände, die unterschiedlich und gut zu ertasten sind, z.B. eine Schere, ein Schwamm, ein Päckchen Streichhölzer, ein Apfel, ein Löffel usw.
- ein kleiner Einkaufskorb

So wird es vorbereitet

Bereitstellung des Materials (5 Minuten)

Für das Tastmemory legen Sie das von den Kindern hergestellte Spiel bereit. Die aufgelisteten Gegenstände legen Sie in ein Körbchen oder in einen Karton. Die Spiele können am Tisch oder auf dem Boden gespielt werden.

Jetzt geht's los

Oberflächenbeschaffenheit der Tastkarten

Schauen Sie sich mit den Kindern das fertige Memoryspiel an. Lassen Sie glatte und raue Oberflächen heraussuchen. Erproben Sie mit den Kindern, ob es kalte und warme Materialien gibt. Suchen Sie harte und weiche Karten heraus. Fordern Sie beim Tasten die Kinder dazu auf, die Augen zu schließen.

Materialrätsel

Stellen Sie den Kindern nun einfache Rätsel über Materialien. Hier ein paar Beispiele:
„Aus welchem Material werden Tische gemacht?"
„Wie heißt das Material, das hart und durchsichtig ist?"
„Zum Kochen benötigen wir Töpfe. Aus welchem Material sind diese gemacht?"
„Was ist härter, Metall oder Holz?"
Lassen Sie sich weitere Fragen einfallen und verstärken Sie richtige Antworten mit Belohnungskärtchen, die Sie hier Wissenskärtchen nennen können.

Vers der letzten Stunde

Wiederholen Sie den Auszählvers (s. S. 128). Verwenden Sie ihn dann, um das Kind zu ermitteln, das mit dem Memoryspiel beginnen darf.

Tastmemory

Die Augen der Kinder werden mit Tüchern verbunden. Die Spielkarten werden mit der Tastseite nach oben auf dem Tisch oder Boden verteilt. Entweder müssen die Kinder zwei gleiche Karten ertasten oder ein Kind bekommt mit verbundenen Augen eine Karte in die Hand und soll die zweite am Boden finden. Hat ein Kind ein Paar gefunden, darf es dieses behalten und das nächste Kind kommt an die Reihe. Dabei sollen die Kinder versuchen sprachlich auszudrücken, was sie im Moment ertasten.

Tipp

Spiele zur Merkfähigkeit leben vom Training: Je häufiger Sie eine Spielvariante wiederholen, desto erfolgreicher werden die Kinder sein. Bei Gedächtnisspielen ist die Konzentration von enormer Bedeutung. Sorgen Sie deshalb stets für eine reizarme und störungsfreie Umgebung.

Förderideen Merkfähigkeit

Spiel: Der blinde Einkäufer

Allen Kindern werden die Augen verbunden. Am besten setzen sich diese im Schneidersitz und in Kreisform auf den Boden. Erzählen Sie den Kindern die Geschichte vom blinden Mann, der mit den Händen so gut sehen kann, dass er niemals vergisst, was er in seinen Einkaufskorb gelegt hat. Erzählen Sie den Kindern: „Der blinde Mann war heute einkaufen. Er hat den Korb im Kindergarten abgegeben und nun sollen wir mit den Händen ‚schauen', was er alles eingekauft hat." Lassen Sie den Korb nun herumgehen und die Kinder ertasten, was darin ist. Diese dürfen ihre Vermutungen laut sagen. Am Ende der Runde fassen Sie zusammen, was alles im Korb liegt. „Also der blinde Mann hat eine Schere, einen Schwamm, ... eingekauft. Nun will ich mal hören, ob ihr genauso gut mit den Händen ‚sehen' könnt wie unser blinder Mann! Ich nehme ein Teil aus dem Korb und ihr müsst herausfinden, welches Teil das ist. Verratet es aber noch nicht, sondern merkt es euch bis alle Kinder fertig sind." Der Korb geht nun ein zweites Mal herum und die Kinder versuchen zu ertasten, welches Teil fehlt. Das Spiel kann durch Wegnahme oder Zugabe von Teilen leichter oder schwerer gemacht werden.

Förderideen Merkfähigkeit

Sehen und merken

Was wird gefördert?
Bilder und visuelle Eindrücke im Gedächtnis zu speichern, wieder abzurufen und das Gesehene sprachlich auszudrücken ist hier der Bearbeitungsschwerpunkt. Mit den Kindern werden Merkstrategien besprochen. Konzentration und Ausdauer spielen hierbei eine große Rolle.

Was wird benötigt?
- Bildkarten mit verschiedenen Motiven (z. B. Obst, Fahrzeuge, Tiere)
- Miniwäscheklammern
- Urkunde für jedes Kind
- großes Tuch zum Abdecken
- ca. zehn Alltagsgegenstände (Messer, Tuch, Spielzeug, Schuh usw.)

So wird's vorbereitet

Material bereitstellen (5 Minuten)
Sorgen Sie für eine reizarme Umgebung, da die Kinder sich bei dieser Einheit stark konzentrieren müssen. Legen Sie zehn Alltagsgegenstände in eine Kiste.

Jetzt geht's los

Sehen und merken
Zunächst werden alle Bildkarten besprochen. Danach werden sie gemischt. Das erste Kind beginnt. Ihm werden kurz hintereinander vier Karten vorgelegt. Danach soll das Kind wiederholen, welche Karten es gesehen hat. Sind alle richtig, bekommt es eine Wäscheklammer; es darf es dreimal versuchen. Dann kommt das nächste Kind an die Reihe.

In der nächsten Runde bekommt nun jedes Kind acht Bildkarten vorgelegt. Diese bleiben liegen, bis das Kind denkt sich alle Begriffe eingeprägt zu haben. Kann es nach drei Versuchen alle Karten benennen, bekommt es wieder eine Wäscheklammer.
Waren die Kinder bis hierher erfolgreich, kann das Spiel auf noch mehr Karten ausgeweitet werden.
Mit den Kindern wird nun besprochen, welche strategischen Möglichkeiten es gibt, sich die Karten besser einzuprägen.
- Ordnung nach Oberbegriffen und deren Anzahl: z. B. drei Tiere, zwei Blumen, ein Fahrzeug,
- nach Farben,
- nach Größen,
- Kinder sollen selber Hilfestellungen finden.

Nun sollen die Kinder versuchen, sich mit den Hilfestellungen so viele Karten wie möglich aus zwölf aufgelegten zu merken. Für vier richtige Karten erhält das Kind eine Wäscheklammer.
Die Wäscheklammern werden addiert und die Anzahl in eine Urkunde eingetragen.

Alltagsgegenstände merken
Auf einen Tisch werden verschiedene Alltagsgegenstände gelegt. Die Kinder sollen sie betrachten und sich einprägen. Danach wird der Tisch mit einem Tuch zugedeckt. Der Spielleiter nimmt einen Gegenstand weg und deckt das Tuch wieder ab. Wer zuerst bemerkt, welcher Gegenstand fehlt, darf als Nächster „zaubern". Vorher werden jedoch alle Gegenstände zurückgelegt.

Variation:
Die Gegenstände werden unter dem Tuch gemischt, sodass sie an einer anderen Stelle liegen.

50 Min.

Förderideen Merkfähigkeit

Stille Post

40 Min.

Was wird gefördert?

Die Kinder müssen sich nun Gehörtes genau einprägen und wieder abrufen. Das erfordert ein hohes Maß an Aufmerksamkeit.

Was wird benötigt?

- pro Kind ein Stuhl

So wird es vorbereitet

Sie benötigen einen reizarmen Raum mit etwas Bewegungsfreiraum. Sorgen Sie dafür, dass es keine Störgeräusche gibt.

Jetzt geht's los

Stille Post

Die Kinder sitzen im Kreis. Flüstern Sie dem Kind, das rechts neben Ihnen sitzt, einen einfachen Satz ins Ohr. Das Kind flüstert die Nachricht dem nächsten Kind ins Ohr und so weiter, bis diese wieder bei Ihnen angekommen ist. Sagen Sie nun laut, was Sie gehört haben und was sie ursprünglich weitergaben. Nun darf ein Kind sich einen Satz ausdenken.

Post und Telegramm aus China

Die Kinder setzen sich jetzt mit den Stühlen in eine gerade Linie. Setzen Sie sich hinter die Kinder. Sie sagen: „Ihr bekommt jetzt entweder Post oder ein Telegramm aus China. Die Post könnt ihr nachsprechen, auch wenn ihr das Chinesische nicht versteht. Das ist lustig! Allerdings müsst ihr ganz genau hinhören! Wenn ihr ein Telegramm bekommt, hört ihr nur einen Rhythmus. Das heißt, ich klatsche euch etwas vor und ihr müsst es genau so nachklatschen." Rufen Sie nun immer den Namen des Kindes auf, das Post bekommt, und dieses soll das Gehörte möglichst genau nachsprechen oder nachklatschen.

Zum Beispiel:
„Post aus China für Svenja, deine Nachricht lautet RE-LA-NO-SI."
„Telegramm aus China für Paul." Dann klatschen Sie zum Beispiel zweimal lang, dreimal kurz, zweimal lang.

Schreiben Sie sich vorher ein paar Silbenkombinationen auf einen Zettel. Die Kinder sind nun gezwungen, ganz genau hinzuhören. Dass Sie hinter den Kindern sitzen, ist deshalb wichtig, damit diese nicht von Ihren Lippen ablesen. Notieren Sie sich ihre Beobachtungen, wenn einzelne Kinder hier weit unter dem Leistungsstand der Gruppe liegen.

Der Löwe frisst den Affen

Sie benötigen nun einen Stuhl weniger als Kinder mitspielen. Jedes Kind bekommt einen Tiernamen. Das stehende Kind ruft laut: „Der Löwe frisst den Affen!" Die beiden genannten Kinder springen auf und versuchen den Platz zu tauschen, aber da ist auch noch das stehende Kind, das sich ebenfalls bemüht einen der freien Stühle zu ergattern. Wer jetzt keinen Stuhl hat, gibt das nächste Kommando.
(nach: Konzentrationsspiele für Kindergarten und Hort, Peter Thiesen, 1999, S. 160)

Förderideen Merkfähigkeit

Zauberschule

🕐 45 Min.

Was wird gefördert?
Die Kinder verbinden nun Gedächtnisleistung mit einem Bewegungsspiel.

Was wird benötigt?
- Bildkarten, entweder aus einem Memory-Spiel oder die Reimpaarkarten
- Baumaterial für das Krabbellabyrinth: Stühle, Tische, Matratzen, Decken usw.

So wird es vorbereitet

Baumaterialien bereitstellen (10 Minuten)
Für dieses Spiel benötigen Sie einen großen Raum mit allerlei Baumaterialien.

Jetzt geht's los

Zauberschule
Das Labyrinth wird gemeinsam aufgebaut. Die Kinder zählen aus, wer beginnt. Dafür nehmen Sie den Auszählvers aus der Einheit Tastmemory (s. S. 128). Üben Sie nun mit den Kindern den Zauberschulenspruch:

> „Ich bin der Wissensmeister und rufe alle Geister!
> Ich hab euch etwas mitgebracht:
> Eine Kuh, ein Haus ..."

(an dieser Stelle muss das Kind die gemerkten Gegenstände aufzählen)

Fünf Bildkarten werden versteckt. Das erste Kind krabbelt durch das Labyrinth, sucht die versteckten Kärtchen und merkt sich die Begriffe, ohne die Karten mitzunehmen. Ein anderes Kind sammelt diese auf und bringt sie in die Zauberschule, die sich am Ende des Labyrinthes befindet. Kommt das erste Kind am Ende des Labyrinthes an, muss es den Zauberschulenspruch sprechen und alle gemerkten Gegenstände aufzählen. Nur wenn es alle fünf Begriffe nennen kann, erhält es Eintritt in die Zauberschule. Das Spiel wird so lange gespielt, bis alle Kinder in der Schule sind.
Das Labyrinth wird im Anschluss wieder gemeinsam abgebaut.
Variation:
Anzahl der Kärtchen kann erhöht oder gesenkt werden, je nach Leistungsstand der Kinder.

Förderideen Merkfähigkeit

Ergänzungen zum Thema

Spiele zum Selbermachen

Memories mit verschiedenen Oberbegriffen
Hier können Sie Gedächtnis- und Wortschatz-Training wunderbar verbinden. Stellen Sie für verschiedene Oberbegriffe jeweils ein Memory her.

Kofferpacken
Mit und ohne Bildmaterial

Duftmemory
Sammeln Sie kleine schwarze Filmdosen. Packen Sie immer in jeweils zwei Döschen die gleichen Duftstoffe.

Krabbelsack mit Alltagsgegenständen
In einen Stoffbeutel werden verschiedene, jedoch von jeder Sorte zwei Alltagsgegenstände gepackt.

Fachbücher für erweiterte Spielangebote

Thiesen, P.: Konzentrationsspiele für Kindergarten und Hort. Lambertus Verlag, 1999.

Spiele im Handel

Memory, verschiedene Hersteller
Differix, Ravensburger
Tierstimmen-Lotto, nathan
Klanggeschichten, Schubi
Potzblitz (Tastspiel), HABA
Zicke Zacke Hühnerkacke, Zoch
Nanu, Ich denk, da liegt der Schuh, Ravensburger
Küken suchen, Ravensburger
Gruselino, Ravensburger
Kofferpacken, Ravensburger

Förderideen Symbolverständnis

Merkzettel

Das Symbolverständnis beginnt sich mit dem Alter von drei Jahren zu entwickeln. Symbole sollten im Kindergartenalltag häufig eingesetzt werden. Es bieten sich nicht nur Garderobenhaken mit Bildern für jedes Kind an, auch Wochentage können z.B. das Symbol einer bestimmten Tätigkeit bekommen, die an diesem Tag regelmäßig stattfindet. Bestimmte Gruppierungen und Beschäftigungen können ein Symbol erhalten und vieles mehr.

Die Symbole helfen dem Kind sich im Umfeld zurechtzufinden. Durch den Umgang mit ihnen setzen die Kinder diese zunehmend selbst ein, ohne sich dessen bewusst zu sein.

Symbole lassen sich rasch erkennen, die Handlung kann daraufhin auch schnell erfolgen.

Die Kinder erkennen anhand des Beispiels Verkehrszeichen die Wichtigkeit und Bedeutung von Symbolen und zugleich lernen sie, wie wichtig Regeln und das Einhalten dieser im Straßenverkehr sind.

Haben die Kinder ein eigenes Symbolverständnis entwickelt, so haben sie eine wesentliche Struktur der Kulturtechniken begriffen.

Auch Buchstaben sind Symbole: Sie sind Symbole für Laute. Eine Ziffer steht für die Größe einer Menge.

> Die Kinder sollten in der Lage sein, Symbole in Handlung und Handlung in Symbole umzusetzen.

Förderideen Symbolverständnis

40 Min.

Verkehrszeichen

Was wird gefördert?

Die Kinder lernen die Bedeutung von Symbolen kennen. Sie erfahren, dass ein Symbol rasch zu erkennen ist und dass sich Handlungen und Reaktionen daraus ableiten lassen.

Was wird benötigt?

- Verkehrsspiel bestehend aus 4 Legetafeln und 24 Kärtchen
- Liste mit Verkehrszeichen

So wird es vorbereitet

Bereitstellen des Materials (2 Minuten)

Die Liste mit den Verkehrszeichen und das Verkehrsspiel werden bereitgelegt.

Jetzt geht's los

Einführung in die Verkehrszeichen

Setzen Sie sich mit den Kindern im Schneidersitz auf den Boden und stellen Sie die offene Frage:
„Was denkt ihr, wozu braucht man Verkehrszeichen?"
Mit den Kindern wird an dieser Stelle geklärt, dass Regeln auch für Erwachsene wichtig sind, damit jeder weiß, was er tun soll und darf. Meist wissen die Kinder, dass Verkehrszeichen wichtig sind, damit kein Unfall entsteht.
Besprechen Sie des Weiteren mit den Kindern:
„Was denkt ihr, wie können alle schnell erkennen, was die Zeichen bedeuten?"
Hier wird vor allem geklärt, dass die Zeichen nach einem Bedeutungssystem gestaltet sind: Rot als Verbot. Blau als Gebot. Form Dreieck als Warnung „Aufgepasst" usw.
„Nun wollen wir noch überlegen, welche Worte braucht ihr, um die Verkehrszeichen zu benennen?"
Begrifflichkeiten wie Fußgänger werden vorab erklärt und dann werden die wichtigsten Verkehrszeichen besprochen. Dabei sollen die Kinder selbst herausfinden (anhand der oben besprochenen Systematik), was diese bedeuten könnten. Zum Beispiel das Fußgängerüberweg-Zeichen wird hochgehalten:
„Was denkt ihr, was bedeutet dieses Zeichen?"

Verkehrsspiel „Sicher im Verkehr"

Hierbei handelt es sich um ein Zuordnungsspiel. Es besteht aus vier Legetafeln und 24 Legekarten. Das Spiel kann von unterschiedlichen Herstellern im Handel erworben oder selbst hergestellt werden.
Die Kärtchen werden gemischt und verdeckt als Stapel in die Tischmitte gelegt. Der Spielleiter verteilt die Legetafeln an die Spieler. Bei weniger als vier Kindern werden die übrigen Legetafeln und die dazugehörigen Deckkärtchen zur Seite gelegt bzw. bei zwei Spielern bekommen die Kinder zwei Legetafeln.
Der Spielleiter nimmt nun ein Kärtchen vom Stapel, zeigt es hoch und benennt das darauf abgebildete Verkehrszeichen. Der Spieler, der auf seiner Legetafel die entsprechende Abbildung findet, meldet sich. Er erhält das Kärtchen und legt es auf das entsprechende Bild seiner Legetafel.
Der Spieler, der zuerst alle Felder seiner Legetafel bedecken konnte, hat das Spiel gewonnen.
Variation:
Kennen sich die Kinder bereits gut aus, so hält der Spielleiter das Kärtchen nur hoch, während der Spieler das Verkehrszeichen benennt, das auf seiner Legetafel mit der hochgehaltenen Karte übereinstimmt.

Verkehrszeichen

Förderideen Symbolverständnis

Exkursion Verkehrszeichen

60–90 Min.

Was wird gefördert?

Die Kinder suchen die gelernten Verkehrszeichen in der Umgebung und setzen das gelernte in Handlung um.

Was wird benötigt?

- Kopiervorlage „Verkehrszeichen"

So wird es vorbereitet

Vorbereitung des Materials (15 Minuten)
Kopieren und vergrößern Sie die Verkehrszeichen. Wenn die Kinder die Zeichen ausgemalt haben, laminieren Sie sie und versehen Sie diese mit Bändern, damit sich die Kinder die Zeichen um den Hals hängen können.

Erkundung des Umfeldes (30 Minuten)
Gehen Sie im Vorfeld die Umgebung ab und erkunden Sie einen Weg, auf dem die Kinder viele Verkehrszeichen, bevorzugt die ihres eigenen Erlebens wie Radweg oder Fußgängerüberweg, finden werden.

Jetzt geht's los

Die Verkehrszeichen werden ausgeteilt und die Bedeutung der Verkehrszeichen nochmals besprochen. Auf einem Spaziergang in der näheren Umgebung des Kindergartens suchen die Kinder die Verkehrszeichen ihrer Karten. Eventuell in der Umgebung nicht vorhandene Verkehrszeichen wie z.B. „Verbot für Fahrzeuge aller Art" usw. werden vorher aussortiert.

Die Kinder sollen die Bedeutung der auf der Straße vorgefundenen Zeichen erklären. Zunächst soll es das Kind versuchen, welches das entsprechende Zeichen um den Hals hat. Gelingt dies nicht, helfen alle mit. Die Gruppe versucht sich den Zeichen entsprechend zu verhalten oder beobachtet andere Verkehrsteilnehmer. Es können Fahrräder usw. mitgenommen werden.

Tipp

Sie werden erstaunt sein, wie leicht die Kinder sich mit dieser Methode die Verkehrszeichen einprägen. Die Exkursion sollte aber zur Festigung der Lerninhalte noch ein- oder zweimal wiederholt werden.

Verkehrszeichen

Auf DIN A3 vergrößern.

Förderideen Symbolverständnis

Ergänzungen zum Thema

Spiele zum Selbermachen

Verkehrsgeräusche sammeln

Gehen Sie mit den Kindern und einem Kassettenrekorder los und suchen unterschiedliche Verkehrsgeräusche. Nehmen Sie diese auf. Ideal wäre, wenn Sie zusätzlich noch einen Fotoapparat dabei hätten und die Geräuschquelle fotografieren könnten. Im Kindergarten wird die Kassette angehört und gemeinsam überlegt, wem die Geräusche zugeordnet werden müssen.

Bilderbücher zum Thema

Weinhold, A.: Pass auf im Straßenverkehr. Wieso? Weshalb? Warum? Ravensburger, 1999.

Gigler, R., Mangold, P.: Von A bis Zebrastreifen. Geschichten rund um die Verkehrserziehung. Unda Verlag, 2001.

Steinmann, M.; Tobinski, R.: Anna und Paul und das Geheimnis des Wiesels, Ein Verkehrs-Erlebnisbuch zum Mitmachen. Degener Lehrmittel, 2002.

Kinzel, A.; Epes, M.: Verkehrsschule mit der Maus, Allein unterwegs und Sicher zur Schule. Xenos, 2000.

Fuchs, B.; Ferraro, A.: Tessloffs Verkehrsschule, Sicher auf dem Schulweg. Tessloff Verlag, 2002.

Spiele im Handel

Sicher zur Schule, Scout
Verkehrsdomino, Ravensburger
Benjamin Blümchen, Sicher zur Schule, Schmidt Spiele
Benjamin Blümchen, Die wichtigsten Verkehrsschilder, Schmidt Spiele
LÜK, Die kleine Verkehrsschule, Westermann
Mein Verkehrsspiel, noris
PC Spiel, Peter Lustig Verkehrschule, Tandem Verlag

Förderideen Zahlenverständnis

Merkzettel

Um Größenunterschiede und Mengen zu begreifen, muss ein Kind eine gutes räumliches Verständnis entwickelt haben. Die räumliche Dimension erobert sich ein Kind durch Bewegung und Handlung. Alle Bewegungsspiele, Ballspiele und die Eroberung der Umwelt mit allen Sinnen sind somit als mathematische Grundlagen anzusehen.

> Durch die Entwicklung der Handfunktion kann das Kind zunehmend durch Handlungen seine Umwelt verändern und „begreifen".

Ein gutes Zusammenspiel von Auge und Hand wird für erfolgreiches Handeln der Kinder mit zunehmendem Alter immer wichtiger. In der Schule muss schließlich ein Kind in der Lage sein handlungsorientiertes Zahlenverständnis auf abstraktes Rechnen zu übertragen.
Zunächst müssen die Kinder einen sicheren Mengenbegriff entwickeln. Zahlen stehen stellvertretend für die Größe einer Menge. Das Kind benötigt für den Zahlenraum eine Vorstellung von Reihenfolgen. Reihenfol-

gen braucht ein Kind nicht nur für schulische Leistungen, sondern stets um sich in seiner Umwelt erfolgreich zurechtzufinden.

> Seriale Leistungen (Reihenfolgen) nach Affolter sind dann vorhanden, wenn das Kind Einzelwahrnehmungen zeitlich und räumlich einordnen kann.

Förderideen Zahlenverständnis

60 Min.

Wahrnehmung des eigenen Körpers 1

Was wird gefördert?

Das Körperbewusstsein als Grundvoraussetzung, um den Zahlenraum zu begreifen.

Was wird benötigt?

- pro Kind eine Matte oder Wolldecke
- pro Kind ca. 5 Bohnensäckchen bzw. Bürsten oder Igelbälle
- pro Kind ein Bogen Packpapier ca. 150 x 70 cm
- CD-Player
- CD mit lebhafter Musik
- Filzstifte oder Wachsmalstifte in den Basisfarben

So wird es vorbereitet

Material bereitstellen (5 Minuten)

Sorgen Sie für einen gut belüfteten, aber warmen Raum mit viel Bewegungsfreiraum. Schließen Sie den CD-Player mit der CD an.

Jetzt geht's los

Eismännchen

Die Kinder bewegen sich frei im Raum. Sobald die Musik stoppt, sollen die Kinder in ihrer augenblicklichen Stellung erstarren.

Körperteile fühlen

Die Kinder setzen sich im Schneidersitz in einen Kreis. Sie nehmen ein Kind heraus und lassen dieses sich in die Mitte des Kreises in Bauchlage auf den Boden legen. Nehmen Sie ein Säckchen und legen es auf den Arm des Kindes. Sie fragen das Kind: „Spürst du, wohin ich das Säckchen gelegt habe? Kannst du mir sagen, wie die Stelle deines Körpers heißt?"
So verfahren Sie, bis alle wichtigen Körperteile benannt und erspürt sind. Legen Sie die Säckchen mit etwas Druck auf, damit das Kind genügend Informationen bekommt.
Danach suchen sich die Kinder einen Partner und verfahren ebenso. Haben Sie keine Sand- oder Bohnensäckchen, können Sie auch Bürsten verwenden oder die Hände auflegen lassen.

Körper abzeichnen

Die Kinder setzen sich wieder in den Sitzkreis. Sie suchen sich ein Kind aus und legen es in der Kreismitte auf ein Stück Packpapier. Mit dem Zeigefinger ‚zeichnen' Sie langsam den Umriss des Kindes. Die Kinder werden nun aufgefordert einen Partner und einen freien Platz zu suchen. Sie bekommen Packpapier und Filzstifte ausgeteilt. Danach sollen die Kinder sich selbstständig umfahren.
Sind alle Kinder fertig, treffen sie sich wieder im Sitzkreis und schauen einen der Umrisse an. Sie besprechen mit den Kindern, was diese noch alles in die Umrisse einzeichnen können. Lassen Sie die Kinder die Ideen selbstständig entwickeln. Danach zeichnen die Kinder Augen, Nase, Mund usw. ein. Nehmen Sie sich viel Zeit, um die Bilder zu besprechen.

Tipp

Marianne Frostig unterteilt das Körperbewusstsein in drei Funktionen: Körperimago, Körperschema und Körperbegriff.

Wenn einer dieser Bereiche des Körperbewusstseins gestört ist, kann auch die Fähigkeit gestört sein Auge und Hand zu koordinieren, räumliche Beziehungen wahrzunehmen oder die Lage im Raum zu erkennen.

Unter Körperimago versteht man das Bild, das das Kind von sich und seinem Körper hat.

Körperschema, darunter versteht man das Wissen über die aktuelle Lage der Muskeln und Körperteile zueinander.

Der Körperbegriff wird durch bewusstes Lernen erworben und beinhaltet die Kenntnis des Kindes über seine Körperteile.

Förderideen Zahlenverständnis

Wahrnehmung des eigenen Körpers 2

60 Min.

Was wird gefördert?

Das Körperbewusstsein als Grundvoraussetzung, um den Zahlenraum zu begreifen. Diese Einheit ist als Zusatzangebot zur Vertiefung gedacht.

Was wird benötigt?

- pro Kind eine Matte oder Wolldecke
- pro Kind Farbstifte oder Wachsmalstifte in den Basisfarben
- pro Kind eine Bürste und Igelball
- Matratzen, schwere Kissen oder Ähnliches
- Wattebällchen, Federn usw.
- Zeichenpapier

So wird es vorbereitet

Material bereitstellen (5 Minuten)

Sorgen Sie für einen gut belüfteten, aber warmen Raum mit viel Bewegungsfreiraum.

Jetzt geht's los

Massagesalon

Die Kinder massieren mit Igelbällen, Wattebäuschen, Bürsten ihren eigenen sowie den Körper des Partners und benennen dabei die Körperteile.

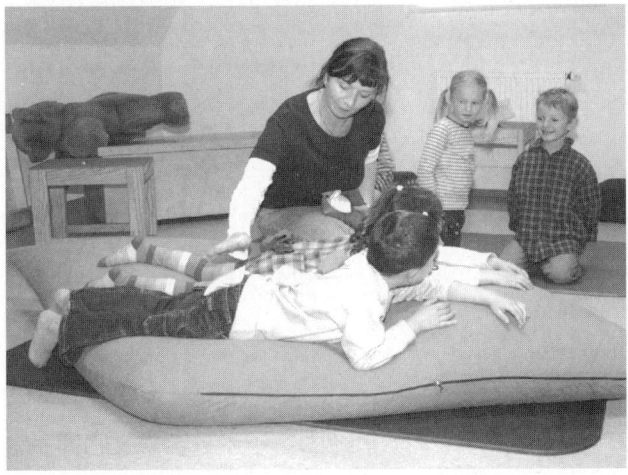

Statue

Ein Kind stellt sich auf einen Stuhl, die anderen Kinder stehen im Kreis darum herum. Das Kind nimmt eine Position ein, die anderen Kinder versuchen diese zu imitieren.

Hamburger

Die Kinder sind das Fleischküchlein und werden mit Tomaten, Gurken und Zwiebeln belegt. Überlegen Sie passende Klopf-Massage- oder Streichelbewegungen. Das Brötchen kann eine schwere Matte sein oder aber ein anderes Kind. Dieses Spiel lieben die Kinder und es kann immer wieder zwischendurch und in vielen Varianten gespielt werden.

Selbstbild

Nach Übungen für die Körperwahrnehmung verfügen die Kinder über ein gutes Körpergefühl. Das macht sie besonders sensibel dafür, ihren eigenen Körper im Detail zu malen.

Tipp

Das Selbstbildnis gibt Auskunft über das Körperbewusstsein und den Entwicklungsstand eines Kindes. Mit dem Mann-Zeichen-Test können Bilder ausgewertet werden (H. Ziler, Testzentrale Göttingen).

Förderideen Zahlenverständnis

45 Min.

Räumliche Wahrnehmung

Was wird gefördert?

Das Kind ist sich selbst der Mittelpunkt der Welt und nimmt Gegenstände und andere Personen als hinter, vor, über, unter oder neben sich wahr. Das Wahrnehmen und Beobachten von zwei und mehreren Objekten im Verhältnis zu einander oder zur eigenen Person wird hier als Grundlage mathematischen Denkens gefördert. Die sprachliche Erarbeitung und der sichere Umgang mit diesen Begriffen wird angestrebt.

Was wird benötigt?

- pro Kind ein Stuhl
- ein Tisch

So wird es vorbereitet

Möbel bereitstellen (5 Minuten)

Arbeiten Sie nach Möglichkeit in einem reizarmen Raum. Stellen Sie den Tisch in die Mitte des Raumes und die Stühle der Kinder in einer Reihe so davor, dass alle von der gleichen Richtung auf den Tisch blicken.

Jetzt geht's los

Gruppenbild mit Tisch

Mit den Kindern wird Fotograf gespielt. Das Bild wird gemeinsam aufgebaut. Die Erzieherin bestimmt die Position des ersten Kindes am Tisch (auf, unter, neben). Hat das Kind diese Position richtig eingenommen, wird dies bestätigt. Nun darf dieses Kind sich eine Position für das nächste Kind ausdenken und selbstständig überprüfen, ob die gewünschte Position eingenommen wurde, ohne die eigene Position zu verändern.
Möglichst genaue sprachliche Anweisungen sind gewünscht. So geht es reihum, bis jedes Kind eine Position eingenommen und bestimmt hat. Dann wird mit lautem Geschrei und dem Ausruf „Spagetti" fotografiert.
Falls Sie über eine (Digital-)Kamera verfügen, wäre es schön, dieses Bild wirklich zu fotografieren, um es später gemeinsam zu betrachten.

Platzkarten

Die Stühle werden zum Zug. Sie verteilen Platzkarten an drei Kinder in Form einer mündlichen Anweisung. Wiederholen Sie die Anweisung mehrmals während der Ausführung. Beispiel:
Svenja sitzt ganz vorne.
Daniel genau in der Mitte.
Alex sitzt als Vorletzter.
Die Kinder bekommen nun die Aufgabe sich so in den Zug zu setzen. Die anderen Kinder dürfen beliebig sitzen, aber alle Plätze müssen belegt werden. Ein Kind übernimmt die Aufgabe des Schaffners und setzt die Kinder in den Zug. Die Gruppe überprüft das Ergebnis.

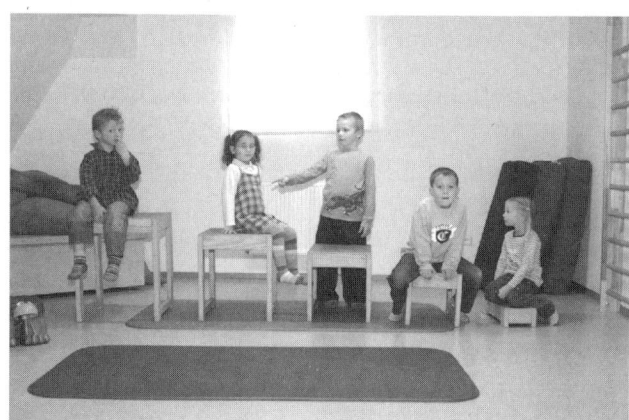

Oder als Gruppenaufgabe:
Die Kinder müssen sich einigen, mit unterschiedlichen Meinungen umgehen und trotzdem zu einem Endergebnis kommen. Für diesen Prozess benötigen die Kinder genügend Zeit.
Hier sollten Sie sich nicht einschalten. Lassen Sie das Endergebnis von jedem Kind einzeln prüfen. Zum Schluss können Sie dann das Ergebnis bestätigen oder korrigieren.

Tipp

Übungen zur Raumlage und den räumlichen Beziehungen lassen sich wunderbar im Alltag einbauen. Ob das Kind den Tisch deckt oder im Stuhlkreis einen bestimmten Platz einnehmen soll, hier bietet sich ein breites Spektrum an Übungsfeldern.

Förderideen Zahlenverständnis

Reihenfolgen

🕐 50 Min.

Was wird gefördert?
Das richtige Aneinanderreihen von Einzelteilen als Voraussetzung für das Zählen. Das Thema wird einerseits mit Bewegungsfolgen und andererseits mit dem Nachlegen von Farbreihenfolgen bearbeitet.

Was wird benötigt?
- pro Kind mindestens 5 rote, 5 gelbe, 5 blaue, 5 grüne Schokolinsen

So wird es vorbereitet
(5 Minuten)
Planen Sie für jedes Kind am Tisch einen großen Arbeitsplatz sowie für das Bewegungsspiel ausreichend Freiraum im Gruppenraum ein. Legen Sie die Schokolinsen am Tisch bereit.

Jetzt geht's los

Zeigefinger/Faust/Handfläche
Die Kinder sollen eine Kombination von Handbewegungen in der richtigen Reihenfolge durchführen. Mit dem Zeigefinger wird auf die Tischkante geklopft, danach mit der Faust und zuletzt mit der flachen Hand auf den Tisch geschlagen.
Machen Sie diese Übung zunächst sehr langsam vor. Dann mit den Kindern gemeinsam. Sprechen Sie am Anfang immer zu den Bewegungen: „Zeigefinger – Faust – Handfläche".
Führen Sie diese Sequenz zunächst mit der rechten, dann mit der linken Hand und nach einer gewissen Übung mit beiden Händen gleichzeitig durch. Verzichten Sie zum Schluss auf das Mitsprechen und steigern Sie das Tempo. Da ab einem bestimmten Tempo beinahe jeder durcheinander kommt, kann dies sehr lustig sein. Ideal wäre, diese Übung im Laufe der Bearbeitungswoche öfters zu wiederholen.

Schokolinsenparade
Verpacken Sie das Legen der Reihenfolgen am besten in eine kleine Geschichte. So können Sie auch sprachlich eine Vielzahl von Begriffen erarbeiten.

> *Eines Tages sprach der König der Schokolinsen: „Ich möchte mal sehen, welches die schnellsten Schokolinsen in meinem Land sind." Er veranstaltete ein Wettrennen. Es kamen die roten, die gelben, die blauen und die grünen Schokolinsen. Alle rannten so schnell sie konnten und es war ein spannendes Rennen. Aber als Erste liefen die Roten ins Ziel, dann die Gelben, kurz darauf die Grünen und als Letzte die Blauen. Der König war sehr zufrieden und sprach: „Ihr habt euch alle sehr viel Mühe gegeben und mir Ehre gemacht, deshalb will ich zu eurer Ehre eine Parade abhalten. Als Erste darf immer eine rote Schokolinse laufen, denn diese waren die Besten, danach kommt eine Gelbe, denn diese waren beinahe so gut, als Dritte läuft eine Grüne und als Vierte eine Blaue. Auch wenn die Blauen immer noch gut waren, so waren sie doch die langsamsten meiner Schokolinsen." Er suchte Unterstützung im Land der Kinder, denn diese verstehen bekanntlich am meisten von Schokolade. Die Kinder sollten ihm bei der Aufstellung der Paraden behilflich sein. Wollt ihr dem König helfen?*

Während in der Geschichte der König die Anweisung für die Reihenfolge gibt, dürfen die Kinder die Linsen gleich positionieren. Halten Sie dabei eine Linse in der entsprechenden Farbe hoch und legen sie vor sich ab. Ermuntern Sie die Kinder, es Ihnen nachzumachen und die Linsen in der richtigen Reihenfolge zu legen, bis alle aufgebraucht sind. Danach dürfen die Kinder sie behalten.

Tipp
Das richtige Aneinanderreihen von Einzelteilen, so genannte seriale Leistungen, sind dann vorhanden, wenn das Kind die Einzelwahrnehmungen zeitlich und räumlich einordnen kann. Diese Fähigkeit zeigt sich vor allem in der Nachahmung und Reproduktion. Diese Fähigkeit beginnt sich ab dem achten bis zwölften Lebensmonat zu entwickeln und ist nicht nur entscheidend für alle Kulturtechniken, sondern ermöglicht dem Kind Dinge vorauszusehen und Handlungen zu planen.

Förderideen Zahlenverständnis

Ein Hut, ein Stock, ein Regenschirm
Ein beliebtes Wanderspiel, wenn Kinder nicht mehr laufen mögen. Die meisten von ihnen werden es kennen. Wir wandeln es ab, indem die Kinder im Kreis gehen und sich an den Schultern fassen.

Und eins und zwei und drei … und zehn,	Die Kinder machen bei jeder genannten Zahl einen Schritt.
ein Hut,	Sie lassen ihren Vordermann los, drehen sich zur Mitte und fassen sich auf den Kopf.
ein Stock,	Die Kinder imitieren eine Stockhaltung.
ein Regenschirm	Über den Kopf gehaltener Regenschirm wird angedeutet.
und vorwärts, rückwärts, seitwärts, stehen.	Nun wird das rechte Bein nach der Anweisung bewegt.
	Nun erfolgt ein Richtungswechsel. Die Kinder fassen sich wieder an den Schultern. Das Spiel geht von vorne los.
Und eins und zwei …	

Förderideen Zahlenverständnis

Mengen als Größen

⏱ 45 Min.

Was wird gefördert?

Die Kinder lernen den Begriff Menge kennen. Die Kinder erfahren sich selbst in unterschiedlich großen Kleingruppen als Mengen. Sie bilden aus Gegenständen Mengen, ordnen diese zu und beginnen Mengen zu vergleichen. Sprachlich wird Rhythmus und Reim erarbeitet.

Was wird benötigt?

- Muggelsteine
- größere Gegenstände einer Art, zum Beispiel Bücher
- unterschiedliche größere und kleinere Gegenstände
- zwei Gymnastikreifen
- CD-Player und Kinderlieder-CD

Jetzt geht's los

Abzählvers

Üben Sie mit den Kindern folgenden Abzählvers. Benutzen Sie ihn im Gruppenalltag mehrmals, um ihn zu festigen.

> *Eins, zwei, Polizei.*
> *Drei, vier, Offizier.*
> *Fünf, sechs, alte Hex.*
> *Sieben, acht, gute Nacht.*
> *Neun, zehn, auf Wiederseh'n.*
> *Elf, zwölf, böser Wolf.*
> *Dreizehn, vierzehn, kleine Maus,*
> *ich bin drin und du bist draus!*

Mengenspiel

a) Die Kinder werden in zwei unterschiedlich große Gruppen eingeteilt. Jede Gruppe erhält einen Gymnastikreifen und jedes Kind einen Muggelstein. Die Kinder stellen sich hinter dem Reifen ihrer Gruppe auf, sodass die andere Gruppe den Reifen gut einsehen kann.
Offene Frage an die Kinder:
„Was denkt ihr, welche Gruppe ist größer?"
Nun legen alle Kinder einer Gruppe ihren Muggelstein in den Reifen. Die Anzahl der Muggelsteine wird mit der Anzahl der Kinder verglichen.
„Liegen in eurem Reifen nun genauso viele Steine, wie ihr Kinder seid?"
Die Kinder werden zum Nachzählen aufgefordert.

b) Die Gruppen werden in ihrer Anzahl und Zusammenstellung verändert. Beide Gruppen haben nun gleich viele Kinder. Die eine Gruppe bekommt wieder einen Muggelstein pro Kind, die andere einheitliche größere Gegenstände.
„Was denkt ihr, welche Gruppe ist größer?"
Kinder legen wiederum die Gegenstände ab.
„Was denkt ihr, in welchem Reifen befinden sich mehr Gegenstände?"
Nachdem die Kinder geantwortet haben, lassen Sie diese nachzählen.
Gegenstände und Muggelsteine werden weggeräumt.

Herr der Mengen

Durch Auszählen wird ein Ringwächter, der Herr der Menge, pro Reifen ermittelt. Dieser bleibt vor seinem Reifen stehen und bewacht sein Reich. Die Musik wird angeschaltet, die Kinder bewegen sich frei im Raum. Wird die Musik ausgeschaltet, rennen alle Kinder ganz schnell zu einem Reifen ihrer Wahl.

Der Spielleiter ruft laut:
„Roter (nach Reifenfarbe) Herr der Menge, sag mir im Gedränge, wie groß ist dein Reich?"

Der Herr der roten Menge zählt nun seine Herde und teilt die Anzahl folgendermaßen dem Spielleiter mit:
„Drei Kinder nenne ich mein Eigen, wer mehr hat, wird sich nun bald zeigen!"

Der Spieleiter ruft nun:
„Blauer Herr der Menge, sag mir im Gedränge, wie groß ist dein Reich?"

Der Herr der blauen Menge nennt nun seine Anzahl:
„Zwei Kinder nenne ich mein Eigen, wer mehr hat, wird sich nun bald zeigen!"

Der Spielleiter fragt:
„Herren der Mengen, sagt mir rasch, wer hat die meisten eingehascht?"

Beide Ringwächter geben ihre Meinung ab. Der Spielleiter löst das Rätsel auf.
Danach dürfen die Herren der Ringe einen Nachfolger aus ihrer Gruppe suchen.

Förderideen Zahlenverständnis

Bauernhofspiel

Was wird gefördert?

Das Thema Reihenfolgen wird erneut aufgegriffen. Mengen werden anhand von konkretem Material bearbeitet und verglichen. Würfelbilder werden nun den Mengen zugeordnet. Durch das Baumaterial werden die räumlich-konstruktiven Fähigkeiten gefördert.

Was wird benötigt?

- ca. 50 Bauernhoftiere
- Baumaterial aus Holz
- 6 Kärtchen pro Würfelbild von 1–6 (5 x 5 cm)

So wird es vorbereitet

Würfelbilder (20 Minuten)
Schneiden Sie mit der Papierschneidemaschine 36 Kärtchen aus rotem Tonpapier aus. Bekleben Sie diese mit blauen Klebepunkten entsprechend der Würfelbilder von 1–6, sodass Sie von jedem Würfelbild sechs Kärtchen besitzen. Sie werden für dieses Spiel nicht alle Kärtchen brauchen, in kommenden Einheiten wird diese Anzahl jedoch benötigt.

Material bereitstellen (5 Minuten)
Sorgen Sie für eine große Freifläche am Boden. Kiste mit Bauernhoftieren und Baumaterial werden bereitgestellt.

Jetzt geht's los

Wiederholung „Zeigefinger – Faust – flache Hand" (s. S. 145).
Wiederholung Abzählvers „Eins, zwei, Polizei ..." (s. S. 147).

Bauernhofspiel
Alle Tiere werden in die Mitte gelegt. Das Baumaterial in zwei Häufen aufgeteilt. Anhand des Auszählverses „Eins, zwei, Polizei ..." werden zwei Großbauern ermittelt. Diese dürfen sich zunächst abwechselnd ihr Team auswählen. Danach wählt jedes Team abwechselnd jeweils ein Tier aus. Nutzen Sie die Vielzahl an sprachlichen Situationen. Welches Tier wird gewählt, welches Tiergeräusch passt dazu, handelt es sich um ein kleines oder großes Tier? Was kann ein Bauer mit diesem Tier anfangen und was braucht es an Futter?

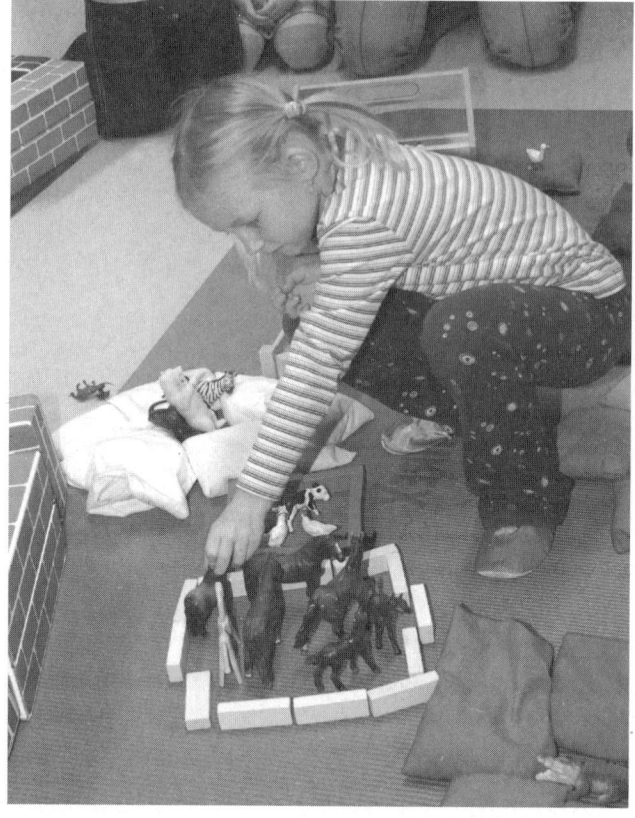

Sind alle Tiere aufgeteilt, fordern Sie die Kinder auf, sich ihren Bauernhof zu bauen. Jede Mannschaft muss für jede Tierart ein Gehege bauen. Sind alle Gehege gebaut und die Tiere untergebracht, beginnen Sie mit den Kindern die Mengen zu vergleichen. Welche Menge an Kühen haben Bauer Nils und Bäuerin Sandra? Welche der beiden Mengen ist größer? Die Kinder dürfen die Würfelbilder den gezählten Tieren zuordnen. Hat ein Bauer mehr als sechs Tiere einer Sorte, muss mit einem zweiten Würfelbild ergänzt werden.
Erarbeiten Sie außerdem, wer mehr größere oder kleinere Tiere gewählt hat. Vergleichen Sie, welcher Bauernhof ausladender gebaut ist und welcher die meisten Tiere hat. Ihnen werden sicher noch eine Vielzahl von Vergleichsmengen einfallen.

Tipp

Nutzen Sie die vielen sprachlichen Situationen zur Wortschatzerweiterung. Sie können anstelle der Bauernhoftiere auch Zootiere verwenden.

Förderideen Zahlenverständnis

Mengen und Reihenfolgen

40 Min.

Was wird gefördert?
Der Zahlenraum bis zehn wird anhand eines Gummibärchenspiels erarbeitet. Mengen- und Zahlenbegriff werden gefestigt. Reihenfolgen werden am eigenen Körper erfahren.

Was wird benötigt?
- ca. 2 Tüten Gummibärchen
- Kopiervorlagen „Gummibärchenspiel"
- zwei Schüsseln und ein Tuch zum Abdecken

So wird es vorbereitet

Spielkarten (15 Minuten)
Kopieren Sie von den Kopiervorlagen „Gummibärchenspiel" die Textseiten jeweils einmal, die Bildseite zweimal. Kleben Sie die Bildseiten auf die Rückseite der Textseiten. Danach schneiden Sie die einzelnen Karten aus. Bemalen Sie die Gummibärchen mit den angegebenen Farben oder kleben Sie einfach entsprechende Farbpunkte auf die Figuren. Wenn Sie die Karten laminieren, haben Sie länger Freude daran.

Material bereitstellen (5 Minuten)
Das Gummibärchenspiel kann sowohl am Tisch als auch am Boden gespielt werden.

Jetzt geht's los

Gummibärchenspiel
Die Schüssel mit der Hälfte der Gummibärchen wird in die Mitte gestellt und mit einem Tuch abgedeckt. Die Spielkarten werden übersichtlich auf dem Tisch bzw. auf dem Boden verteilt.

Das Spiel wird im Uhrzeigersinn gespielt. Das jüngste Kind beginnt und zieht, ohne zu schauen, zwei Gummibärchen. Es betrachtet die Farben und sucht die Spielkarte mit der entsprechenden Farbkombination. Sie lesen dem Kind die Aufgabenstellung vor. Werden dem Kind auf der Spielkarte Gummibärchen zugeteilt, nimmt es sich diese aus der offenen Schüssel. Es darf diese und die gezogenen Karten behalten. Es soll diese aber vorerst sammeln, um sie zum Schluss zusammenzuzählen. Danach kommt das nächste Kind an die Reihe. Je nach Gruppengröße können Sie drei bis vier Runden spielen.

Wie war das noch?
Die Kinder stellen sich im Kreis auf. Sie lenken die Aufmerksamkeit der Kinder auf sich. Den Kindern wird erklärt, dass es sich hierbei um ein leises Spiel handelt, bei dem sie ganz genau zuschauen müssen. Danach tippen Sie nacheinander drei Punkte an Ihrem eigenen Körper an. Die Kinder werden aufgefordert dies genauso, in derselben Reihenfolge zu tun. Geben Sie je nach Bedarf den Kindern noch ein, zwei Beispiele. Danach geht das Spiel reihum. Das erste Kind stellt sich dem Nächsten gegenüber und tippt drei selbstgewählte Punkte an, das andere Kind imitiert und wird vom ersten Kind eventuell verbessert. Die anderen passen mit auf. Danach dreht sich das zweite Kind zum Nächsten um und verfährt ebenso.

Förderideen Zahlenverständnis

Orange / Orange Kannst du den Hampelmannsprung? Wenn du diesen 10-mal schaffst, bekommst du genauso viele Gummibärchen.	**Weiß / Weiß** Ziehe 9 Gummibärchen und teile sie mit 2 anderen Kindern.
Orange / Weiß Finde einen Reim auf ‚Weiß'. Wenn es dir gelingt, nehme dir 2 Gummibärchen.	**Gelb / Gelb** Du bist ein Sonnenschein. Vor lauter Lebensfreude hüpfst du 3-mal vom Stuhl. Danach darfst du dir 3 sonnengelbe Gummibärchen aussuchen.
Orange / Gelb Gehe 8 Schritte im Elefantengang. Puh das ist anstrengend! Dafür bekommst du auch 8 Gummibärchen.	**Rot / Rot** Rot ist die Farbe der Liebe. Du darfst jedem Mitspieler 3 Gummibärchen aus der Schüssel geben. Und weil du so großzügig bist, dir selbst auch 5 aussuchen.
Orange / Rot Nenne 4 Obstsorten. Für jede richtig genannte bekommst du ein Gummibärchen.	**Grün / Grün** Nimm dir so viele Gummibärchen wie Kinder mitspielen.

© Ernst Klett Verlag, Stuttgart, 2004. Von dieser Druckvorlage ist die Vervielfältigung für den eigenen Gebrauch gestattet. Entnommen aus „Fit für die Grundschule", ISBN 3-12-010101-X

Förderideen Zahlenverständnis

Orange / Grün

Schenke jedem deiner Mitspieler 1 Gummibärchen von deinen eigenen. Hast du noch gar nicht genügend bekommen, musst du keines hergeben.

Weiß / Gelb

Laufe 5 Schritte vorwärst und 5 Schritte rückwärts, wie weit bist du gekommen? Nimm dir 5 Gummibärchen und gebe 5 zurück.

Grün / Rot

Hüpfe auf dem rechten Bein 8-mal und auf dem linken Bein 2-mal. Dafür darfst du dir 2 Gummibärchen nehmen.

Weiß / Rot

Nimm dir 4 weiße und 3 rote Gummibärchen. Suche dir einen Freund aus und schenke ihm die Gummibärchen von der Farbe, von der du eben mehr bekommen hast.

Gelb / Grün

Laufe 2-mal rückwärts um uns herum. Wenn du nichts umgeworfen hast, bekommst du 1 Gummibärchen.

Weiß / Grün

Klatsche 7-mal in die Hände. Wenn es geklappt hat, hamstere dir 2 Gummibärchen.

Gelb / Rot

Nimm dir 1 gelbes, 1 rotes und 1 grünes Gummibärchen. Woran erinnert dich das? Wie viele Gummibärchen hast du, wenn du dir von diesen 3 Farben jeweils 2 nehmen darfst? Probier es aus, und wenn du es herausbekommst, darfst du alle behalten.

Förderideen Zahlenverständnis

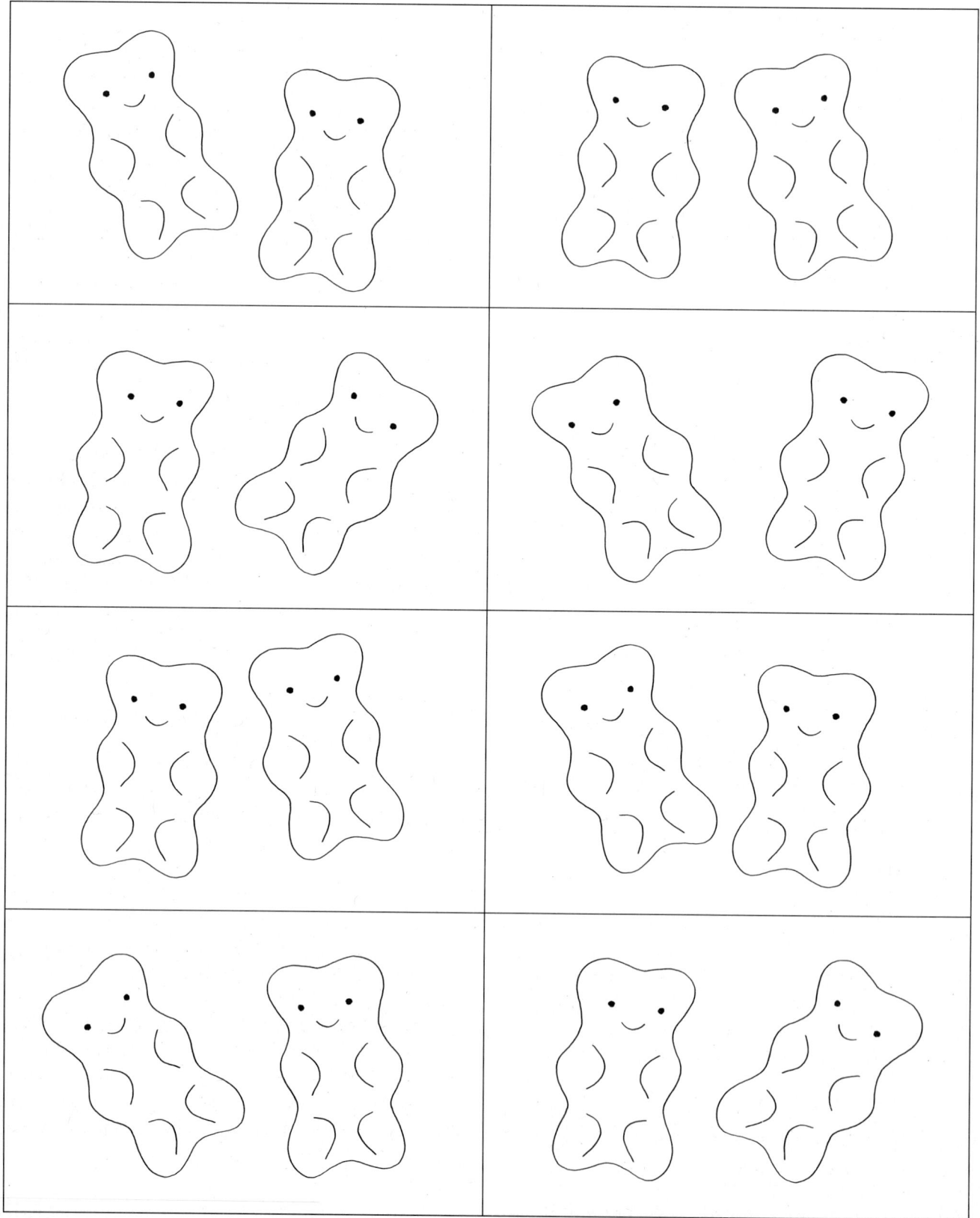

Förderideen Zahlenverständnis

Größenverhältnisse

⏱ 60 Min.

Was wird gefördert?

Größenverhältnisse werden mit einem kleinen und einem großen Holzstab ermittelt. Mit den Kindern wird der Aufbau des Zahlenraumes anhand einer Treppe erarbeitet. Die Kinder erleben jeweils das Anwachsen der Treppe um eine Stufe im Zusammenhang mit der nächst größeren Zahl.

Was wird benötigt?

- pro Kind eine Urkunde
- pro Kind 18 Bauklötze in einer Größe
- 1 Holzstab, 1 m lang in 10 Zonen aufgeteilt
- 1 Holzstab 10 cm lang
- rote und blaue Holzfarbe
- 21 gleich große, möglichst quadratische Teppichfliesen (oder rote und blaue Malkreide, wenn das Spiel ins Freie verlegt wird)
- großer Schaumstoffwürfel
- 6 Kärtchen von jedem Würfelbild (aus Einheit Bauernhofspiel, s. S. 148)

So wird es vorbereitet

Holzstäbe herstellen (60 Minuten)

Besorgen Sie sich in einem Baumarkt ein Vierkantholz in der Länge von einem Meter und einen kleinen Stab in einer Länge von 10 cm. Die Kinder sollten den Stab gut umgreifen können. Zeichnen Sie am langen Stab Zonen von jeweils 10 cm ein und bemalen diese abwechselnd rot und blau. Der kurze Stab wird rot bemalt. Möchten Sie nicht so viel Zeit investieren, können Sie das Vierkantholz auch einfach nur in Zonen unterteilen.

Material bereitstellen (10 Minuten)

Verlagern Sie die Einheit entweder gleich ganz ins Freie oder benutzen Sie einen Turnraum. Suchen Sie pro Kind 18 gleich große Bauklötze heraus und legen Sie diese in eine Kiste. Die in der Einheit Bauernhofspiel vorbereiteten Würfelbilder werden nun benötigt. Alle Materialien legen Sie in Reichweite bereit.

> **Tipp**
> Diese Einheit stellt an die Kinder hohe Anforderungen bezüglich Konzentrations- und Vorstellungsvermögen.

Jetzt geht's los

Größenverhältnisse am Beispiel Holzstäbe

Bilden Sie mit den Kindern einen Kreis und setzen Sie sich im Schneidersitz auf den Boden. Zeigen Sie den Kindern den großen und den kleinen Stab. Begrifflichkeiten „lang – kurz" werden geklärt.
Stellen Sie die Frage: „Wie oft, denkt ihr, passt der kurze Stab in den langen Stab?" Die Kinder raten, zählen, dann wird mithilfe des kleinen Stabes nachgemessen.
Jedes Kind bekommt den Stab nun in die Hand. Es zählt nun für sich oder mit Hilfestellung die zehn Zonen durch Übereinandergreifen der Hände ab. Die anderen schauen zu und kontrollieren mit, ob nichts ausgelassen wurde.

Hüpfspiel

Mit den Kindern wird gemeinsam die Treppe von eins bis sechs ausgelegt bzw. mit Straßenkreide aufgezeichnet. Dabei wechseln sich rote Fliesen oder Felder mit blauen ab. Es wird besprochen, dass von Stufe zu Stufe immer eine Fliese mehr hinzugenommen wird. Lassen Sie die Kinder zählen und ausprobieren. Die Würfelbilder werden von den Kindern selbstständig der jeweiligen Treppenhöhe zugeordnet. Das Baumaterial wird oberhalb auf eine Stelle gelegt.
Das erste Kind darf nun würfeln. Es würfelt zum Beispiel eine zwei. Zunächst sucht es sich die Zweierreihe aus Teppichfliesen aus. Diese Reihe durchhüpft es auf einem Bein. Oben angekommen nimmt es sich eine Würfelbildkarte mit zwei Punkten. Es läuft zum Materialberg und holt sich zwei Bauklötze, danach kehrt es zur Zweierreihe zurück und baut dort einen Turm aus diesen beiden Steinen. Nun hüpft es die Reihe zurück. Die Karte darf es behalten, wenn alles richtig erledigt wurde. Das nächste Kind ist nun an der Reihe.
Nach drei Durchgängen werden im Sitzkreis die Punkte auf den Würfelbildkarten für jedes Kind zusammengezählt. Auf einer Urkunde werden die erreichten Punkte eingetragen. Die Würfelbilder werden zurückgegeben.
Hier lassen sich die Mengen miteinander nochmals gut vergleichen.

Förderideen Zahlenverständnis

Größenverhältnisse im Zahlenraum bis zehn

45 Min.

Was wird gefördert?

Die Kinder erproben nun den Aufbau des Zahlenraumes anhand eigener Zahlentreppen. Die Treppenstufen werden auf zehn ausgedehnt. Dadurch dass die erste Stufe jeweils der Abstufung der benachbarten Reihen entspricht, können die Kinder sich selbstständig kontrollieren. Die Treppen vermitteln den Kindern Größenverhältnisse, Reihenfolgen und ein Verständnis dafür, dass Zahlen stellvertretend für bestimmte Mengen stehen.

Was wird benötigt?

- pro Kind Zahlenkarten von 1—10
- pro Kind ein Satz Papierstäbe, siehe Anleitung
- Holzstab 1 m in 10 Zonen unterteilt
- Holzstab 10 cm
- ausreichend Kleinmaterial wie Muggelsteine oder Knöpfe
- Würfelbildkarten aus der Einheit Bauernhofspiel

So wird es vorbereitet

Herstellung der Zahlentreppen
(pro Treppe 60 Minuten)

Aus rotem Tonpapier werden am besten mit der Papierschneidemaschine die Grundstreifen ausgeschnitten.

Pro Kind:
1 Quadrat 5 x 5 cm
1 Streifen 10 x 5 cm
1 Streifen 15 x 5 cm
1 Streifen 20 x 5 cm
1 Streifen 25 x 5 cm
1 Streifen 30 x 5 cm
1 Streifen 35 x 5 cm
1 Streifen 40 x 5 cm
1 Streifen 45 x 5 cm
1 Streifen 50 x 5 cm
10 Quadrate 5 x 5 cm mit den Ziffern von 1—10

Aus blauem Tonpapier werden Quadrate ausgeschnitten und so auf die Streifen geklebt, dass rot und blau im Wechsel erfolgen und stets mit rot begonnen wird.

Pro Kind: 25 blaue Quadrate 5 x 5 cm

Bereitstellen des Materials (5 Minuten)

Die Kinder benötigen für diese Einheit viel Platz zum Auslegen der Treppe. Des Weiteren sollten sie möglichst für sich arbeiten. Sorgen Sie entweder für einen eigenen Tisch pro Kind oder lassen Sie diese sich im Gruppenraum auf dem Boden verteilen.

Jetzt geht's los

Wiederholung der Größenverhältnisse anhand der Holzstäbe

Setzen Sie sich mit den Kindern in Kreisform und im Schneidersitz auf den Boden. Den Kindern werden der große und der kleine Stab gezeigt. Die Begrifflichkeiten „lang – kurz" werden wiederholt. Stellen Sie die Frage: „Wisst ihr noch, wie oft passt der kurze Stab in den langen Stab?" Lassen Sie die Kinder erneut ausprobieren und nachzählen.

Tipp

Diese Einheit ist sehr aufwändig vorzubereiten. Das Material ist aber anschaulich und der Aufwand lohnt sich vor allem dann, wenn Sie das Material für mehrere Jahrgänge nutzen können und die Kinder im Freispiel damit weiterarbeiten.

Es empfiehlt sich das Material zu laminieren oder mit Klebefolie zu überziehen. Sie können auch nur einen Satz herstellen und mit den Kindern einzeln oder reihum arbeiten. Im Handel ist auch ähnliches Material erhältlich.

Zahlentreppen

Nehmen Sie einen Satz Zahlentreppen. Besprechen Sie und zählen mit den Kindern gemeinsam die einzelnen Stäbe. Danach werden die Reihensätze den Kindern ausgeteilt.

Gemeinsam wird nun sortiert, jedes Kind sucht die passende Reihe heraus, sodass sich zum Schluss in der Mitte ein Stapel mit Einsern und jeweils einer mit Zweierreihen usw. befindet.

Danach darf sich jedes Kind von jeder Sorte wieder ein Stück holen. Bauen Sie nun eine der Zahlentreppen auf. Erklären Sie, dass Sie ganz klein anfangen und die Treppe immer um einen Einser bzw. ein

Förderideen Zahlenverständnis

Quadrat erhöhen. Alle Kinder schauen zu. Danach wird die Treppe betrachtet und anschließend zerstört. Sagen Sie zu den Kindern: „Sucht euch einen Platz in der Gruppe, wo ihr ganz für euch arbeiten könnt. Ihr könnt die Streifen unten an eine Leiste anlegen, dann verrutschen sie euch nicht. Wenn ihr fertig seid, schauen wir uns die Treppen gemeinsam an."

Die Kinder versuchen nun selbst ihre Treppen aufzubauen. Geben Sie den Kindern genügend Zeit, sich selbst zu verbessern, und greifen Sie erst ein, wenn ein Kind um Hilfe bittet oder aufgeben möchte.

Haben alle Kinder eine fertige Treppe vor sich liegen, sollen sie die Muggelsteine oder Knöpfe in der passenden Menge der jeweiligen Reihe zuordnen und dies überprüfen.

Im nächsten Schritt werden nun die Würfelbilder den jeweiligen Reihen zugeordnet.

Zum Abschluss werden nun die Zahlenkarten angelegt. Manche Kinder werden dies ohne Hilfestellung bewerkstelligen, andere Kinder werden Sie hier unterstützen müssen.

Förderideen Zahlenverständnis

Zahlenraum bis zehn

60 Min.

Was wird gefördert?

Der Aufbau der Treppe wird wiederholt. Die Kinder festigen die Größenverhältnisse im Zahlenraum. Abzählverse aller Einheiten werden aufgefrischt. Mit einem Zahlenrennen schließen die Kinder den Bereich Zahlenverständnis ab.

Was wird benötigt?

- pro Kind eine Urkunde
- pro Kind eine Zahlentreppe
- ausreichend Kleinmaterial wie Muggelsteine oder Knöpfe
- Würfelbildkarten von 1 – 10
- Ziffernkarten von 1 – 10
- Stoppuhr

So wird es vorbereitet

Bereitstellen des Materials (5 Minuten)

Für das Zahlenrennen brauchen Sie viel Bewegungsfreiraum. Gehen Sie hierfür ins Freie oder in einen Turnraum.

Jetzt geht's los

Wiederholung Zahlentreppe

Lassen Sie die Kinder wie in der letzten Einheit die Zahlentreppen aufbauen. Die Kinder sollen erneut Muggelsteine, Würfelbilder und Zahlenkarten zuordnen.

Abzählverse

Setzen Sie sich mit den Kindern in Kreisform und im Schneidersitz auf den Boden. Bearbeiten Sie mit ihnen Folgendes:
„Wer kennt noch die Verse, die wir in diesem Jahr gelernt haben?"
„Wer kennt ganz Neue?"
„Sollen wir zusammen einen erfinden?"

Zahlenrennen

Die Punktekarten und Ziffernkarten werden vermischt und auf ca. 15 m^2 verteilt. Die Kinder sollen zunächst alle Punktekarten in der richtigen Reihenfolge aufsammeln und anschließend die Ziffernkarten in der richtigen Reihenfolge. Die anderen Kinder sitzen außen herum, kontrollieren und zählen laut mit. Sobald ein Kind einen Fehler macht, muss es die Karte zurücklegen und die richtige suchen. Nach einem Probelauf wird die Zeit gemessen, die es braucht, und auf einer Urkunde eingetragen. Ganz schwache Kinder dürfen sich bei der Zeitmessung einen Partner suchen, der ihnen hilft. Dies muss jedoch in den Beobachtungen und auf der Urkunde vermerkt werden. Verfügen Sie in ihrer Einrichtung über Rollbretter, führen Sie das Spiel mit diesen durch.

Förderideen Zahlenverständnis

Ergänzungen zum Thema

Spiele zum Selbermachen

Bildgeschichten (Reihenfolgen)
Fotografieren Sie Alltagshandlungen der Kinder. Lassen Sie diese in die richtige Handlungsreihenfolge legen.

Gummitwist (Reihenfolgen)
Mit Versen und Hüpfmustern

Ball-an-die-Wand-Spiel
(Reihenfolgen, zeitlich räumlich)
Die Übungen sind von leichten Übungen bis zu schwierigeren sortiert. Der Ball wird zunächst zehnmal an die Wand gespielt, die nächste Übung wird neunmal durchgeführt usw.
1. Ball mit beiden Händen an die Wand
2. mit der rechten Hand
3. mit der linken Hand
4. mit beiden Händen an die Wand werfen und einmal klatschen
5. mit beiden Händen an die Wand und zweimal klatschen
6. unter rechtem Bein durch an die Wand und fangen
7. unter dem linken Bein durch an die Wand und fangen
8. werfen, einmal umdrehen und fangen
9. einmal vor und einmal hinter dem Körper klatschen und fangen
10. Ball rückwärts gegen die Wand werfen, drehen und fangen

Ballspiele allgemein (Zeitlich räumlich)

Klatschspiele wie: „Bei Müller hat's gebrannt"

Bilderbücher zum Thema

Carle, E.: Die kleine Raupe Nimmersatt. Gerstenberg, 1988.

Ballart, E.; Capdevila. R.: Der Zählbuchzoo. Sellier, 1997.

Spiele im Handel

Erstes Zählen, Ravensburger
Halli Galli, Amigo
Konstruktionsspiele, Verschiedene Hersteller
Papa Moll Geschichtenkiste, Schubi
Vorschul-Wissensquiz, noris
KlippKlappLük Rechenspiele 1, Lük, Westermann
Rechenspiele 2, Lük, Westermann
miniLük Rechendrache, Lük, Westermann
Ich lerne rechnen, Lük, Westermann
Set Vorschulkinder, Lük, Westermann
Geomag Lernbaukasten, Betzold
Reihenfolgen, Schubi

Montessori-Material, dazu gehören:
Spindeln, Nienhuis
Numerische Stangen, Nienhuis
Ziffern und Chips, Nienhuis

Literaturverzeichnis

Ayres, Jean A.:
Bausteine der kindlichen Entwicklung.
Springer Verlag, 4. Auflage 2002.
Grundlage der sensorischen Integrationstherapie. Das Buch vermittelt einen tiefen Einblick in die Funktion und die Bedeutung der Sinnessysteme. Es ist verständlich geschrieben und beschreibt die Problematik von Kindern mit Wahrnehmungsstörungen.

Biebricher, Helga; Speichert, Horst:
Montessori für Eltern.
Rororo, 3. Auflage, Januar 2003.
Dieses Buch bietet einen guten Einblick in die Montessori-Pädagogik. Es ist leicht und verständlich geschrieben und liefert eine Menge Ideen und Materialien für die Arbeit mit Kindern. Das Konzept versteht sich jedoch als pädagogischer Gesamtansatz und lässt sich nicht einfach teilweise übernehmen, ohne es zu verfälschen.

Breuer, Helmut; Weuffen, Maria:
Lernschwierigkeiten am Schulanfang.
Beltz Verlag, Erweiterte Neuauflage 2000.
Hauptanliegen des Buches ist Fachkräfte zu unterstützen, Defizite frühzeitig zu erkennen und Fördermaßnamen einzuleiten. Es werden diagnostische Verfahren beschrieben, lernbehindernde Abweichungen ohne besonderen Zeit- und Materialaufwand festzustellen (Differenzierungsproben). Das Buch bietet außerdem eine fundierte Theorie und eine Vielzahl von Fördervorschlägen.

Fischer, Gabriele; Langner, Christine; Sinn, Stephanie; Schlieter, Ursula: **Spielerische Sprachförderung. 78 ganzheitliche Förderideen für jeden Tag.**
Ernst Klett Verlag, 2004.
Aktive Sprachförderung für den Kindergarten-Alltag mit ganzheitlichen Förderideen und zahlreichen Kopiervorlagen. In spielerischer Form werden bei jedem Kind die Sprechfreude angeregt und die Wahrnehmungsfähigkeiten trainiert.

Friedl, Johanna; Krauss, Susanne:
Pitsche, Patsche, Peter. Lustige Spiele mit Händen und Füßen.
Kösel Verlag, 1999.

Frorath, Günter:
Die schönsten Fadenspiele mit Kordel.
Moses Verlag, 2002.

Frostig, Marianne; Horne David:
Visuelle Wahrnehmungsförderung.
Hogrefe, 2. Auflage 2000.

Hoffmann, Klaus W.:
Kinder brauchen Bewegung.
Rororo, 1998.
Viele originelle Bewegungsspiele, die ohne großen Aufwand durchzuführen sind.

Huber, Isabelle; Giezendanner, Claudia:
„Oh je, die Spitze ist abgebrochen!"
Verlag Modernes Lernen, 2002.
Vertiefung des Themas Graphomotorik, mit großem Praxisteil und Anleitungen zur Materialherstellung.

Junker-Rösch, Jürgen:
Gemeinsam Spielen.
Rororo, 1999.
Alte und neue Spiele für drinnen und draußen.

Kiphard, Ernst J.:
Wie weit ist ein Kind entwickelt?
Verlag Modernes Lernen, 10. Auflage 2000.
Entwicklungsgitter zur Überprüfung der Sinnes- und Bewegungsentwicklung von Kindern in den ersten vier Lebensjahren mit sämtlichen Fragebogen und Anleitungen.

Küspert, Petra:
Wie Kinder leicht lesen und schreiben lernen.
Oberstebrink, 2001.
Verständlicher Ratgeber für Eltern, Erzieher und Lehrer. Das Buch zeigt auf, wie man eine Lese- und Rechtschreibschwäche rechtzeitig erkennen kann und bietet Strategien an, dem Kind zu helfen.

Küspert, Petra; Schneider, Wolfgang:
Hören, lauschen, lernen. Sprachspiele für Kinder im Vorschulalter.
Vandenhoeck & Ruprecht, 3. Auflage 2001.
Das Würzburger Trainingsprogramm zur phonolo-

Literaturverzeichnis

gischen Bewusstheit ist ein auf seine Wirksamkeit erprobtes Sprachförderprogramm. Das Förderprogramm beseht aus sechs Übungseinheiten, die inhaltlich aufeinander aufbauen.

Mertens, Krista:
Lernprogramm zur Wahrnehmungsförderung.
Verlag Modernes Lernen, 5. Auflage 2001.
An Kindern erprobtes Programm zur Förderung der Sinnesbereiche im Vorschulalter.

Montessori, Maria:
Grundlagen meiner Pädagogik.
Quelle & Meyer, 8. Auflage 1996.
Schmales Büchlein von Maria Montessori, das Einblick in die von ihr entwickelte Pädagogik gibt.

Piaget, Jean:
Meine Theorie der geistigen Entwicklung.
Beltz Verlag, 2003.
Jean Piaget stellt seine Theorie dar. Geeignet, wenn man einen tieferen Einblick in die kindliche Entwicklung haben möchte. Nicht ganz leichte Kost.

Sattler, Barbara:
Übungen für Linkshänder, Schreiben und Hantieren mit links.
Auer Verlag, 1996.

Sinnhuber, Helga:
Sensomotorische Förderdiagnostik.
Verlag Modernes Lernen, 2000.
Dieses Werk baut auf dem Entwicklungsgitter von Ernst J. Kiphard auf. Es handelt sich um ein Praxishandbuch zur Entwicklungsüberprüfung und Entwicklungsförderung von Kindern im Alter von vier bis siebeneinhalb Jahren.

Spitzer, Manfred:
Lernen – Gehirnforschung und die Schule des Lebens.
Spektrum Verlag, 2002.
Überraschend flüssig und leicht zu lesen. Aktuelle und wissenschaftliche Erkenntnisse rund ums Thema Lernen.

Singer, Waltraut; Schirmer, Erika:
Der neue Daumen Knuddeldick.
Ravensburger, 1997.
Eine Sammlung von 220 altbekannten und neuen Fingerspielen, Kniereiterspielen, Trostreimen, Fingerpuppenspielen und Liedern.

Weigert, Hildegund; Weigert Edgar:
Schuleingangsphase.
Beltz Verlag, 5. neu ausgestattete Auflage 1997.
Aus der Sicht der Praktiker werden die aktuellen und wissenschaftlich gesicherten Erkenntnisse über Voraussetzungen, Erscheinungsformen und Überprüfungsmöglichkeiten der individuellen Schulreife vorgestellt. Ein Buch aus der Sichtweise des Lehrers geschrieben, um einen fließenden Übergang in die Schule zu gestalten.